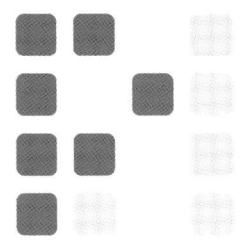

中国县域数字普惠金融发展指数研究报告

冯兴元 孙同全 董 翀 燕 翔 等著

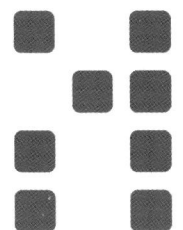

中国社会科学出版社

图书在版编目（CIP）数据

中国县域数字普惠金融发展指数研究报告/冯兴元等著. —北京：中国社会科学出版社，2021.10
ISBN 978-7-5203-9364-5

Ⅰ.①中… Ⅱ.①冯… Ⅲ.①数字技术—应用—县—地方金融事业—经济发展—研究报告—中国 Ⅳ.①F832.7

中国版本图书馆CIP数据核字（2021）第239231号

出 版 人	赵剑英
责任编辑	李庆红
责任校对	杨 林
责任印制	王 超
出 版	中国社会科学出版社
社 址	北京鼓楼西大街甲158号
邮 编	100720
网 址	http://www.csspw.cn
发 行 部	010-84083685
门 市 部	010-84029450
经 销	新华书店及其他书店
印 刷	北京君升印刷有限公司
装 订	廊坊市广阳区广增装订厂
版 次	2021年10月第1版
印 次	2021年10月第1次印刷
开 本	710×1000 1/16
印 张	12.5
插 页	2
字 数	188千字
定 价	69.00元

凡购买中国社会科学出版社图书，如有质量问题请与本社营销中心联系调换
电话：010-84083683
版权所有 侵权必究

中国社会科学院农村发展研究所
课题组名单

顾问：杜志雄　魏后凯　苑　鹏　金晓龙
　　　李振华　彭　博
组长：孙同全　冯兴元
成员：董　翀　燕　翔　陈亚坤　程　萍
　　　邓　晗　余春苗　张　林　宫　靖
　　　阎　妍　刘　娟　侯　健　袁超锋

前　言

发展普惠金融，消除金融排斥，实现包容性增长，已成为世界发展趋势，也是我国全面建成小康社会、实现共同富裕的社会主义现代化强国的必然要求。

首先，农村普惠金融的发展关系到乡村振兴和农业农村现代化，受到中央的高度重视。2013年11月党的十八届三中全会通过的《中共中央关于全面深化改革若干重大问题的决定》正式提出"发展普惠金融"。2015年12月，国务院发布了《推进普惠金融发展规划（2016—2020年）》，对我国在"十三五"时期的普惠金融发展做出重要布局，其中重点是农村普惠金融。除2017年之外，2015年至今每年的中央一号文件都明确提出推动农村普惠金融发展。2018年9月中共中央、国务院印发《乡村振兴战略规划（2018—2022年）》，提出"发展乡村普惠金融"。2020年党的十九届五中全会提出"优先发展农业农村，全面推进乡村振兴"，因此，在"十四五"乃至今后较长时期内，全面实施乡村振兴战略，加快推进农业农村现代化将成为"三农"工作的中心任务，普惠金融应该发挥重要作用。

其次，数字技术的飞速发展，使数字普惠金融得以发展，为解决农村金融的固有矛盾，推动农村普惠金融发展，提供了新的解决方案。如果把金融比作实体经济的"血液"，传统的农村金融业务中普遍存在的信息不对称、运营成本高和风险较大等问题，是农业农村经济"供血不足"的重要原因。互联网、大数据等数字技术的应用，使这些问题得到解决或有效缓解，可以大大增加农村金融服务的有效供给，提高金融服务质量。因此，中央高度重视农村数字金融的发展。2016年中央一号文件就首次提出"支持农村互联网金融发展"。2017

年中央一号文件提出"鼓励金融机构利用互联网技术,为农业经营主体提供小额存贷款、支付结算和保险等金融服务"。2018年的中央一号文件提出,"引导互联网金融、移动金融在农村规范发展"。2018年9月中共中央、国务院印发的《乡村振兴战略规划(2018—2022年)》提出,"引导持牌金融机构通过互联网和移动终端提供普惠金融服务,促进金融科技与农村金融规范发展"。2019年的中央一号文件提出,"规范互联网金融在农村地区的发展,积极运用大数据、区块链等技术,提高涉农信贷风险的识别、监控、预警和处置水平"。2020年的中央一号文件提出"稳妥扩大农村普惠金融改革试点,鼓励地方政府开展县域农户、中小企业信用等级评价,加快构建线上线下相结合、'银保担'风险共担的普惠金融服务体系,推出更多免抵押、免担保、低利率、可持续的普惠金融产品"。2021年的中央一号文件更是明确提出"支持市县构建域内共享的涉农信用信息数据库,用3年时间基本建成比较完善的新型农业经营主体信用体系。发展农村数字普惠金融"。可见,中央不仅重视农村数字普惠金融的发展,而且提出了明确的发展方向。

最后,数字普惠金融是我国数字农业农村建设的重要组成部分,具有推动乡村振兴和县域经济社会高质量发展的巨大潜力。2018年中央一号文件首次提出大力发展数字农业,实施数字乡村战略。2018年以来,中共中央、国务院印发的《乡村振兴战略规划(2018—2022年)》《数字乡村发展战略纲要》等文件为加快发展数字农业农村指明了方向,提供了依据。农业农村部会同中共中央网络安全和信息化委员会办公室编制印发了《数字农业农村发展规划(2019—2025年)》,提出了新时期推进数字农业农村建设的总体思路、发展目标和重点任务。农业农村数字化发展为农村金融的数字化发展提供了必要条件,反过来,农村数字金融的发展推动了农村经济社会的高质量发展。当前,我国数字普惠金融发展方兴未艾,各类农村金融机构和互联网金融机构开展了大量的数字普惠金融服务模式和产品的创新,在提高县域金融服务可得性和服务质量的同时,提高了县域金融风险的可控性。

目前，除金融科技企业在农村地区开展数字普惠金融服务之外，传统金融机构也纷纷将业务搬到"线上"，越来越多的县级政府成立大数据中心或其他信用信息平台，为县域数字普惠金融的发展提供基础设施条件，越来越多的农户、新型农业经营主体和小微企业得到数字金融服务，尤其是一些缺抵押、无担保的"信用白户"开始得到信贷服务，提高了县域金融服务的广度和深度。可以说，数字普惠金融的积极作用得到广泛认同，县域数字普惠金融的发展条件将越来越好，数字普惠金融也将在乡村振兴和农业农村现代化过程中有广阔的市场空间。

但是，凡事都有两面，发展数字普惠金融需要趋利避害。目前至少有以下几个问题需要特别注意。第一，数字普惠金融以借款人的信用数据为基本的凭据，个人隐私信息保护的问题尤其重要。第二，依靠政府资源建立的各种信用数据库是数字金融的重要基础设施，其有序、规范的公开使用是防止数据垄断，保证数字金融市场有序竞争、良性发展的关键。第三，数字金融是崭新的金融业务方式，而且更新迭代迅速，尽管能够增强对信贷风险的管控，但是对其本身运营的风险及其对金融系统带来的风险，全社会都缺乏足够的认识和经验，需要深入研究，提升监管能力。第四，守正创新，既要鼓励创新，又要规范发展，促进与规范并重。这些问题都是发展中的问题，需要在发展中积极妥善解决。

县域数字普惠金融是近几年快速发展的新生事物，国内外都缺乏可资借鉴的经验。因此，有必要摸清我国县域数字普惠金融发展的基本状况，在此基础上分析总结各地数字普惠金融发展的经验和教训，从而探索推动县域数字普惠金融高质量发展的政策和路径。鉴于此，中国社会科学院农村发展研究所开展了"中国县域数字普惠金融发展指数研究"。本项研究设计了全国县域数字普惠金融发展指数，并根据网商银行在全国各县、县级市和旗［以下简称县（市）］的数字金融业务数据和这些县域的基本社会经济发展数据，对各项指标进行了测算，反映了我国县域数字普惠金融的最新进展，尤其是数字普惠金融服务"三农"、服务小微企业的最新状况。本报告还对东中西部共六个县（市）进行典型案例分析，分析了不同县（市）数字普惠金融的运作机制和作用，以及发展差异背后的原因。上述指数与案例分析可以为各级政府改进县域数字普惠金融发展政策以及金融机构提高县域数字普惠金融服务水平提供参考。

本项研究工作由课题组全体成员分工协作完成。具体分工是：指数评价体系主要由冯兴元、孙同全设计，指数测算方法由冯兴元选定，数据整理主要由燕翔和冯兴元完成，数据分析主要由冯兴元、燕翔、孙同全完成，报告主体部分主要由冯兴元和燕翔执笔，案例分析主要由董翀、陈亚坤、邓晗和余春苗执笔，程萍参加了文献综述和理论基础的撰写。此外，在研究设计、数据整理和实地调研等方面，蚂蚁集团研究院的宫靖、阎妍、侯健和袁超锋以及网商银行的张林和刘娟等多位人士都提供了大力协助。

本项研究得到了中国社会科学院农村发展研究所党委书记、副所长杜志雄研究员、所长魏后凯研究员、副所长苑鹏研究员，以及蚂蚁集团研究院院长李振华先生、网商银行行长金晓龙先生和农村金融部总经理彭博先生的指导。在有关指数评价体系各级指标得分的测度方法方面，中国社会科学院经济研究所朱恒鹏副所长和中诚信研究院高级研究员张林先生提供了技术协助。在此，课题组全体成员对他们的支持表示衷心感谢！

本报告是课题组首次在县域数字普惠金融发展指数方面进行的比较系统、深入的探索。由于自身能力和资料等方面的限制，可能存在诸多不足甚至谬误，诚请各位读者批评指正！

最后，需要特别指出的是，本报告观点为课题组成员个人观点，不代表其所在机构或部门。

孙同全　冯兴元
2021 年 4 月

目 录

引 言 1
 一 发展普惠金融的必要性 2
 二 中国已成为推行普惠金融国家战略的引领国家之一 3
 三 中国在发展数字经济与数字金融方面居全球领先水平 5
 四 农村数字普惠金融的迅猛发展势头与驱动力 7
 五 县域数字普惠金融发展指数体系的意义、指标
   构建与得分测算 9
 六 本报告的结构 11

第一章 理论基础 12
 一 数字普惠金融的相关概念与特点要求 12
 二 普惠金融体系的构成要素与数字普惠金融的位置 16
 三 数字普惠金融的基本要素 19

第二章 文献综述 20
 一 有关农村与县域数字普惠金融发展的总体研究 20
 二 数字普惠金融对农村金融发展的影响研究 21
 三 数字普惠金融对"三农"发展的影响研究 22
 四 有关农村与县域数字普惠金融指数的具体研究 25

第三章 中国县域数字普惠金融发展指数的编制原则与构成 30
 一 中国县域数字普惠金融发展指数的编制原则 30

二　县域数字普惠金融发展指数评价体系的构成 …………… 32

第四章　中国县域数字普惠金融发展指数的测度方法与数据来源 …………………………………………………………… 37

　　一　指标权重的确定 …………………………………………… 37
　　二　无量纲化 …………………………………………………… 39
　　三　加权无量纲化 ……………………………………………… 40
　　四　各级指标得分的计算 ……………………………………… 41
　　五　数据来源 …………………………………………………… 41

第五章　中国县域数字普惠金融发展指数的得分与排名 ……… 43

　　一　总体得分结果的分析 ……………………………………… 43
　　二　区域比较 …………………………………………………… 49
　　三　分省比较 …………………………………………………… 56
　　四　百强县分析 ………………………………………………… 87

第六章　中国县域数字普惠金融发展动能分析 ………………… 126

　　一　县域数字普惠金融发展动能的分析方法与指数编制 …… 126
　　二　县域数字普惠金融发展动能指数百强县得分总体
　　　　分析 ………………………………………………………… 127
　　三　2019年县域数字普惠金融发展动能指数百强县的
　　　　得分和排名情况 …………………………………………… 129
　　四　发展动能指数百强县方面指数服务广度、服务深度、
　　　　服务质量的得分和排名情况 ……………………………… 134

第七章　典型县（市）数字普惠金融发展案例分析 …………… 142

　　一　典型县（市）的选择、调研的组织实施以及基本
　　　　情况 ………………………………………………………… 143
　　二　典型县（市）数字普惠金融发展 ………………………… 150
　　三　典型县（市）数字普惠金融服务需求 …………………… 164

第八章　分析结论与对策思考 …………………………………… 168
　一　分析结论 ………………………………………………………… 169
　二　进一步推动县域数字普惠金融发展的对策与思路 ……… 175

参考文献 …………………………………………………………… 182

引　言

大力发展普惠金融的必要性已经成为世界各国领导人和金融业界的共识。中国在推行建设普惠金融国家战略方面引领全球，而且在发展数字经济和数字金融方面处于世界领先水平。随着城乡地区移动互联和智能手机的普及，大型金融科技平台公司和正规金融部门从两端推进数字普惠金融的发展，而且两者的融合和合作也在推进过程中。中国政府推进普惠金融发展的重点在农村。农村普惠金融体系已经初步建成，目前正在完善过程中。农村数字普惠金融已经是农村普惠金融体系的重要组成部分，也是大型金融科技平台公司和农村金融机构正在大力推进的发力点，而且未来农村普惠金融体系必然是农村数字普惠金融体系。

但是，中国农村各地的数字普惠金融发展程度参差不齐，还存在各自障碍。定量衡量中国农村各地在数字普惠金融发展方面总体和具体的进展和障碍、优势和短板，甚至发展动能，有利于各地政府、金融科技平台公司和金融机构了解各地在数字普惠金融发展方面的总体和具体的进展与问题，优势和劣势，各地之间的差距；有利于其在有关地区进一步发展现有的长处，补足存在的短板，推动数字普惠金融的发展，由此推进中国农村各地实现乡村振兴。

基于这一目的，中国社会科学院农村发展研究所课题组推出《中国县域数字普惠金融发展指数研究报告》，其重点包括课题组建立和推出的县域数字普惠金融发展指数体系，全国各县（市）的总指数、方面指数和分项指标得分，百强县得分与排名，相关的发展动能指数得分与排名。课题组还分析比较了对全国东中西部地区共 6 个典型县（市）的县域数字普惠金融发展状况的实地调研结果。本报告反映了中国县域数字普惠金融发展的最新状况和问题，分析了一些成因，在此基础上提出了一些有关进一步发展中国县域数字普惠金融的对策和思路。

我们相信，本报告的推出，不仅有助于中国进一步发展县域数字普惠金融，而且有助于推动中国打造县域数字普惠金融体系。

一　发展普惠金融的必要性

长期以来，发展中国家中正规金融部门的金融排斥问题较为严重。这些国家的农村地区又是金融排斥的重灾区。在这些国家的农村地区，低收入群体和小微企业首当其冲，成为正规金融部门金融排斥的首要对象。在中国，随着40多年的改革开放，城乡金融部门总体上保持了持续良好的发展，但无论是城市还是农村，仍然存在程度不等的金融排斥问题。就问题的严重性而言，与在其他发展中国家一样，中国的广大农村地区金融排斥问题更为突出。值得肯定的是，中国的农村金融服务供给总体上得到持续改善，金融排斥问题总体上在持续减少。但是，我们仍需看到，到目前为止，中国农村地区多数农户、低收入群体和小微企业仍然被正规金融部门排斥或者服务不足。多数新型农业经营主体，其中包括种养大户、家庭农场和农民合作社也因为缺乏银行业金融机构可接受的抵押物而遭受程度不等的金融排斥。所有这些群体成为普惠金融服务提供者需要特别关注和服务的特殊客户群体。

与金融排斥的概念相对立，普惠金融的本义为"包容性金融"，对应的英文术语为"inclusive finance"或者"financial inclusion"，涉及金融部门对所有人开放获得和利用金融服务的机会，满足所有人的金融服务需求，特别是对被正规金融部门排斥或服务不足的需求群体开放获得和利用金融服务的机会，满足其金融服务需求，也就是涉及要包容这些被排斥和服务不足的需求群体。有关普惠金融的最早提法是"普惠金融部门"（inclusive financial sectors）。2003年12月29日，联合国秘书长科菲·安南在联合国通过把2005年确立为联合国国际小额信贷宣传年的决议后指出："我们可以，也必须一起建设普惠金融部门。"① 联合国在2005年联合国国际小额信贷宣传年提出"建设普惠金融部门"的蓝图②，标志着联合国在全球范围内酝酿和发起一场"普惠金融革命"。目前，世界各国越来越关注发展普惠金融，与联合国的大力推动密不可分。

二 中国已成为推行普惠金融国家战略的引领国家之一

"普惠金融"作为中文译名，最初见于中国小额信贷联盟网。2005年11月，中国小额信贷联盟（当时的名称是"中国小额信贷发展促进网络"）的主页开通，首页的标题就醒目地写下了网络的宗旨："促进普惠金融体系，全面建设小康社会"。从2005年开始，联合国开发计划署与中国商务部中国国际经济技术交流中心和中国人民银行、国家开发银行、哈尔滨银行、包商银行等机构合作，开展了"建设中国普惠金融体系"项目，其中中国人民银行负责的项目内容为普惠金融政策研究。2006年3月，中国人民银行研究局负责人在亚洲小额信贷论坛上使用普惠金融概念，推动了该概念和相关理念的广泛传播。2009年，中国人民银行研究局与中国国际经济技术交流中心组织翻译并出版了联合国《建设普惠金融体系》的报告。

2005年联合国倡导建设普惠金融体系以来，经过一段时间的普惠金融研究和理念普及之后，中国普惠金融体系建设近年来进展迅速，走在全世界发展中国家的前头。尤其是在建立和推行普惠金融政策框架方面，已经成为全球领军国家之一。中国中央政府对发展城乡普惠

---

① Kofi Annan: 29 December 2003, Following the Adoption of 2005 as the International Year of Microcredit, in: United Nations, "Building Inclusive Financial Sectors for Development", May 2006, p. 1.

② UNCDF, International Year of Microcredit 2005 Final Report, May 2006.

金融高度重视，将其提升为国家发展战略，建立了较为系统的普惠金融政策框架，并以自上而下的方式在金融部门推行这一发展战略与政策框架。2013年11月12日中国共产党第十八届中央委员会第三次全体会议通过的《中共中央关于全面深化改革若干重大问题的决定》正式提出"发展普惠金融"。这标志着中国将"发展普惠金融"确立为国家战略。2015年中央一号文件提出"强化农村普惠金融"。2015年12月31日，国务院发布《国务院关于印发推进普惠金融发展规划（2016—2020年）的通知》（国发〔2015〕74号），对中国在"十三五"时期推进普惠金融发展做了重要布局，其重点是发展农村普惠金融。该项规划的制定，意味着中国政府正式具体推行发展普惠金融的国家战略。其后，2016年中央一号文件再次明确"发展农村普惠金融"；2018年中央一号文件进一步明确"普惠金融重点要放在乡村"；2018年9月中共中央、国务院印发《乡村振兴战略规划（2018—2022年）》，提出"发展乡村普惠金融"；2019年中央一号文件提出"实现普惠性涉农贷款增速总体高于各项贷款平均增速"；2020年中央一号文件则提出"稳妥扩大农村普惠金融改革试点，鼓励地方政府开展县域农户、中小企业信用等级评价，加快构建线上线下相结合、'银保担'风险共担的普惠金融服务体系，推出更多免抵押、免担保、低利率、可持续的普惠金融产品"。

中国政府对推动发展城乡数字金融高度重视，提出了一系列促进政策。2016年中央一号文件首次提出要支持农村互联网金融发展。2017年中央一号文件更是提出鼓励金融机构利用互联网技术，为农业经营主体提供小额存贷款、支付结算和保险等金融服务。2018年的中央一号文件提出，"引导互联网金融、移动金融在农村规范发展"。2018年9月中共中央、国务院印发《乡村振兴战略规划（2018—2022年）》，提出"创新服务模式，引导持牌金融机构通过互联网和移动终端提供普惠金融服务，促进金融科技与农村金融规范发展"。2019年的中央一号文件提出，"规范互联网金融在农村地区的发展，积极运用大数据、区块链等技术，提高涉农信贷风险的识别、监控、预警和处置水平"。2020年的中央一号文件提出，"加快构建线上线下相结合、'银保担'风险共担的普惠金融服务体系"。最新出台的2021年中央一号文件《中共中央国务院关于全面推进乡村振兴加快农业农村现代化的意见》明确提出了"发展农村数字普惠金融"。

虽然普惠金融这个提法历史很短,但是普惠金融的运作历史悠久。针对弱势群体的普惠金融运作,秦王政在位初期吕不韦设立的"太平仓"就是一例。吕不韦当时发行了自己的货币"文信钱"。有了钱,吕不韦就派人去三晋地区购买粮食,设立了"太平仓"。"太平仓"承担着财政部、中央银行和农业部三部门的职能:"太平仓"负责官方铸币,也监督民间铸币质量;在丰收之年,小农可以将自己的粮食卖给"太平仓",价格相当公道;在歉收之年,小农又可以在"太平仓"借到粮食,利息相当低。[①] 15世纪罗马教会为急需资金的弱势群体提供短期、便捷的小额融资服务而设立的当铺,也是针对弱势群体的普惠金融运作。

三 中国在发展数字经济与数字金融方面居全球领先水平

目前,中国不仅在普惠金融发展方面走在发展中国家的前头,而且在推进数字经济和数字金融发展方面,更处于世界领先水平。之所以取得这样的成就,既与政府在推动普惠金融、数字经济和数字金融发展方面的政策授能有关,也与一些互联网平台企业很早开始推行而且坚持扩大自发的金融科技创新有关。这方面一些标志性的事件有:一是2003年10月18日淘宝网首次推出支付宝服务。二是2004年支付宝从淘宝网分拆独立。当时的支付宝作为一种线上支付服务,本身就是一种普惠金融服务。三是2014年支付宝旗下的余额宝产品横空出世,该年也因此被业界称为"互联网金融元年"。四是2014年10月蚂蚁金融服务集团(简称蚂蚁金服,现名蚂蚁集团)正式成立

[①] 陈雨露、杨忠恕:《中国是部金融史》,北京联合出版公司2013年版。

(含支付宝公司)。很巧的是，从该年第二季度开始，支付宝公司成为全球最大的移动支付企业。五是 2014 年 12 月微众银行正式成立，成为中国首家民营银行和互联网银行。六是 2015 年 6 月由蚂蚁集团作为大股东发起设立的中国第一家核心系统基于云计算架构的商业银行网商银行成立并开业。

目前，全球主要国家金融行业的普惠金融化和数字化正在蓬勃推进之中，两者成为全球金融业发展的必然趋势。"普惠金融化"是指金融业越来越不仅考虑满足占少数的头部客户的需求，而且考虑包容占多数的长尾客户的需求。可以说，数字普惠金融作为普惠金融与数字技术的结合，代表未来金融业的必然发展方向。当前，全球主要国家均同时存在如下两大趋势：一是来自金融科技平台企业推进的数字金融化；二是来自正规金融部门的数字金融化。这里，我们不特别区分数字金融、互联网金融或者金融科技。上述这两大趋势在很大程度上也体现为来自这两个部门的数字普惠金融化趋势。① 需要注意的是，还存在第三大趋势，相比之下该趋势不大明显，但是不可忽视，那就是金融科技平台企业和正规金融机构的融合或合作。比如美国的 P2P 网贷企业 Lending Club 与网络银行（WebBank）存在合作。又如中国的蚂蚁集团下设网商银行，同时网商银行与其他银行存在合作关系；腾讯金服旗下则有微众银行。另外，还存在第四大趋势：无论如何，大型金融科技平台企业本身也必须被视为正规金融机构，接受金融当局的监管。

金融业朝着数字普惠金融发展的趋势，除了与政策法规制度因素

---

① 事实上，只有小部分金融运作不被视为普惠金融，其他满足各种群体的金融服务需求的金融服务提供均属于普惠金融。比如不能弥补成本、实现商业可持续的扶贫贴息贷款，虽然也被称作"普惠金融"，但属于"特惠金融"，违背普惠金融的商业可持续原则要求，不是严格意义上的普惠金融，但一般从政策层面视为当然的普惠金融。政策性农业保险的情况也类似。不过，对弱势群体发放的"高息放贷"，比如几年前被禁止的"现金贷"业务，属于每笔一千到数千元，最多不过 2 万元的微贷业务，年化利率有的甚至超过了100%，一些极端的甚至高达 600%，其利率水平远远超出了放贷者的资金时间价值评估、风险溢价考虑和其他适当的定价考虑，偏离了普惠金融对于弱势群体的成本可负担原则要求，不属于普惠金融。参阅《现金贷秒变高利贷　年化率高达600%骗你没商量》，《现代快报》2017 年 3 月 13 日，https://www.wdzj.com/news/hangye/75516.html。

有关，也与移动互联的不断普及与金融科技的不断发展有关。数字金融和数字经济一样，有着如下特点：无物理边界限制、瞬时性和准实时性、高渗透性和融合性、人力资本和技术密集性、零边际成本、网络外部性，等等。这里零边际成本是指在投入一定资源之后，新增加一个单位的产出，新增成本往往是零。网络外部性也称网络效应，是指网络的用户越多，用户从中获益越大。上述这些特性意味着数字金融的运作者可以利用这些特点，利用大数据进行数字信用评级、数字授信和数字风控，扩大客户覆盖面，提供快捷、便利和安全的数字金融服务，降低交易成本，保障其收益。数字金融可以涉及多种金融服务，包括数字信用评级、支付、清算、储蓄、贷款、保险、担保、股权投资、债权投资、期货、期权交易服务，等等。在开放的但有适当监管的金融体制里，数字金融的运作者原则上可以低成本吸纳资金，同时根据风险定价原则以适当利率出售贷款产品。原则上可以实现对于客户成本可负担，对于自身商业可持续。也就是说，移动互联时代是运作数字普惠金融的黄金时代。随着互联网和数字技术的不断发展，金融服务越来越多地与数字化手段相结合，受众范围更广，金融服务成本更低，服务手段更便捷，金融产品更丰富，有效弥补了传统金融机构普惠金融受物理网点局限、成本较高、服务较单一的缺点。

四 农村数字普惠金融的迅猛发展势头与驱动力

随着互联网尤其是移动互联在中国农村地区快速发展并实现广覆盖，以及智能手机越来越普及，尤其是廉价中低端手机的大量出现，农村人口的上网率越来越高。根据第45次《中国互联网络发展状况统计报告》，截至2020年3月，中国农村地区互联网普及率为46.2%；农村网民规模为2.55亿，占网民整体的28.2%，较2018年年底增长3308万。上述这些发展为农村普惠金融服务的数字化奠定了基础。这是因为，农村金融服务的数字化成为一大趋势。无论是当前大型金融科技平台企业的数字金融服务，还是当前众多农村金融机构的数字金融服务，总体上都是普惠金融服务。因此，农村金融服务的主体部分是农村普惠金融。这意味着，农村普惠金融服务的数字化正在快速发展，也成为一大趋势。

目前，农村数字普惠金融的发展势头较猛，业界存在两股推动力量，一是大型金融科技平台企业；二是在各县域开展普惠金融服务的传统金融机构，主要包括国有政策性和开发性金融机构、国有商业银行、全国性和区域性商业银行、农信机构、村镇银行、各类保险公司以及其他金融机构。正如上文所述，2014年余额宝横空出世，撼动整个金融行业。该年也被称为"互联网金融元年"。余额宝的出台，说明金融科技对传统金融行业有着某种程度的颠覆性。2014年10月，蚂蚁金服集团宣告成立时，打造金融科技核心能力，最初以提供小微金融服务为其核心理念与核心业务，其后迅速转向主打普惠金融业务（尤其是在2015年7月开始推行农村普惠金融战略），又在2016年确立主推数字普惠金融服务。为了应对来自蚂蚁集团这类大型金融科技平台企业的挑战，传统金融机构纷纷设立和强化各自的金融科技业务部门，打造线上App或者线上窗口，推出线上产品。

目前，无论是在城市还是在农村，大型金融科技平台企业和传统金融部门两大力量均在驱动数字普惠金融的发展。在农村地区，两者推进数字普惠金融发展的程度和特点是不一样的。总体上看，中国的大型金融科技平台企业依托其自身所关联的企业线上平台的产品流、资金流与信息流（如蚂蚁集团利用淘宝网平台），或者其社交平台的资金流和信息流（如腾讯利用微信平台），获得和沉淀相关数据，从中提炼大数据，建立和扩展其客户支付账户覆盖面，建立第三方支付系统，建立征信体系，发展基于大数据的数字授信，推行基金和银行信贷业务。蚂蚁集团还涉及更多的业务，比如保险，开拓与其他银行的合作，并与地方政府开展合作，归集地方政府部门掌握的政务民生数据，从而进一步扩大客户基础，更精准地评估客户信用和提供数字授信，由此扩大信贷可得性。因此，在农村数字普惠金融市场，大型金融科技平台企业（主要是蚂蚁集团和腾讯金服）已经远远走在传统金融机构的前面。与大型金融科技平台企业相比，传统银行业金融机构缺乏与非金融电子商务或社交媒体信息流和支付流的连带性。这种连带性带来金融服务所需要的基础数据，这些数据就是资产。很多农村金融机构倚重人工方式进行信用评级，同时借助自己的或者省联社等机构提供的信用评级与授信管理系统输入信用评级信息，由此生成授信参考数据。很多环节仍然不在线运作，监管部门甚至要求放贷之前必须与客户见面签约。正因为如此，农村银行业金融机构的数字普惠金融服务做到全线上操作者较少（如授信期间第二次申贷可能不需要面签合同）。就农信机构而言，虽然它们在多数县（市）的农村信贷服务提供方面属于主力军，但是多数农信机构规模和实力偏小，利用金融科技和大数据的能力有限，其信贷领域的普惠金融服务虽然在数字化，但是数字化程度仍然较低。

五 县域数字普惠金融发展指数体系的意义、指标构建与得分测算

从总体上看，中国农村数字普惠金融的发展势头较为迅猛。但是，总的来说，在中国农村的不同地区，数字普惠金融的发展程度参差不齐，存在的障碍也各不相同；在各个不同的金融服务领域甚至细分领域，数字普惠金融发展程度与存在障碍的程度也不一样；从数字普惠金融的服务广度、服务深度和服务质量三个方面来看数字普惠金融发展，中国农村不同地区在这些方面的数字普惠金融发展程度与障碍各不相同。而且服务质量需要尽可能反映农村不同地区的数字普惠金融服务的便捷度、安全度和成本可负担度。

了解中国农村不同地区数字普惠金融发展的总体和具体方面的进展与障碍是必要的。这有助于我们把握各地在这些方面的发展差距，了解每个地方取得较大进展的领域与存在较大障碍的领域，既肯定其长处，又甄别其短板，从而使数字普惠金融服务提供者和各地政府在了解本地具体进展与障碍的基础上，有针对性地继续推进本地的数字

普惠金融发展，保持其优势，弥补其短板，更好地推动本地"三农"发展，促进乡村振兴。

鉴于上述这些考虑，中国社会科学院农村发展研究所课题组推出《中国县域数字普惠金融发展指数研究报告》。本报告聚焦于构建一个全新的中国县域数字普惠金融发展指数体系，利用目前可得的县域数字普惠金融发展数据来衡量全国各县（市）数字普惠金融发展指数体系的总指数、方面指数和分项指标（包括二级分项指标）的得分情况，比较全国东中西部地区和东北地区有关县的得分情况，各省的得分情况，推出全国总指数得分百强县的得分结果和排名，分析其差距与成因。本报告还在衡量上述县域数字普惠金融发展指数得分的基础上，针对总指数和三个方面指数得分均处于全国平均水平以上的532个县（市），具体计算了数字普惠金融动能指数得分，并推出了其排名，分析了这些县（市）的得分差距及其成因。这有利于各地政府、金融科技平台公司和金融机构了解各地在数字普惠金融发展方面的总体和具体的进展与问题、优势和劣势、各地之间的差距，有利于其在有关地区进一步发展现有的长处，补足存在的短板，推动数字普惠金融的发展，由此推进中国农村各地实现乡村振兴。

本报告主要采用网商银行提供的2017—2019年全国各县（市）26项数字普惠金融数据。相关的各县（市）社会经济指标数据来源于中国县域经济统计年鉴和各县市国民经济与社会发展统计公报。之所以采用网商银行的数字普惠金融数据，主要原因在于其县域数字普惠金融业务的发展与全国县域数字普惠金融的发展趋势是一致的，在一定程度上可以用来衡量全国各县域数字普惠金融的发展水平。此外，县域农村金融机构的数字普惠金融运作相对滞后，其数字普惠金融业务数据也不存在普遍可得性。

县域数字普惠金融发展指数的衡量是指向性的。为了更好地把握县域数字普惠金融的发展状况及存在的问题，课题组在2020年7—9月组织实施了全国东部、中部和西部地区各两个典型县（市）的数字普惠金融发展调研。本报告也包括了相关调研结果分析。

六 本报告的结构

本报告接下来将梳理与县域数字普惠金融相关的理论基础,扼要总结和评述现有的县域数字普惠金融研究状况,提出中国县域数字普惠金融发展指数体系的构成方案,阐明中国县域数字普惠金融发展指数(包括从中派生的中国县域数字普惠金融发展动能指数)的衡量方法与数据来源。在此基础上,本报告将介绍和分析中国县域数字普惠金融发展指数体系的总指数、方面指数与分项指标得分结果,东中西部和东北各大区和各省情况比较,百强县得分和排名情况。报告还进一步分析了中国县域数字普惠金融发展指数体系总指数得分平均线以上所有县(市)的发展动能指数得分与排名,比较分析了东中西部各两个典型县(市)的数字普惠金融总体发展状况及存在的问题。最后,本报告扼要总结了分析结论,并就如何继续推进中国县域数字普惠金融发展提出了一些对策和思路。

第一章 理论基础

目前政策界、学界与业界对普惠金融的定义五花八门，严重影响到人们对普惠金融的理解，甚至影响到普惠金融的政策和运作，数字普惠金融领域同样如此。因此，有必要澄清数字普惠金融的相关概念及其特点要求。在此基础上，需要阐明普惠金融体系的构成要素、数字普惠金融在其中的位置、数字普惠金融的要素。这些方面的理论阐述构成了本报告研究分析县域数字普惠金融发展指数的理论基础。

一 数字普惠金融的相关概念与特点要求

"普惠金融"属于英文"inclusive finance"或"financial inclusion"的中译名。这两个英文概念，可分别直译为"包容性金融"或"金融包容"。根据现有资料，有关普惠金融的最早提法是"普惠金融部门"（inclusive financial sectors），其直译名称为"包容性金融部门"。2003年12月29日，联合国秘书长科菲·安南在联合国通过把2005年确立为联合国国际小额信贷宣传年的决议后指出："我们可以、也必须一起建设普惠金融部门。"[①]

自联合国在2005年国际小额信贷宣传年主推"建设普惠金融部门"蓝图以来[②]，普惠金融已经在全世界范围内得到推广和普及。联

---

① Kofi Annan: 29 December 2003, Following the Adoption of 2005 as the International Year of Microcredit, in: United Nations, Building Inclusive Financial Sectors for Development, May 2006, p. 1.

② UNCDF, International Year of Microcredit 2005 Final Report, May 2006.

合国提出"建设普惠金融部门"的蓝图,标志着在全球范围内酝酿和发起一场"普惠金融革命"。其后联合国于 2006 年印制《建设普惠金融体系》英文报告,正式发布推动全球普惠金融发展的蓝图。[①] 2009 年,中国人民银行研究局与中国国际经济技术交流中心组织翻译并出版了联合国《建设普惠金融体系》报告。根据该报告,如果一个金融部门使所有有能力支付金融服务的主要客户群体中的每一个人可获得金融服务,那么该金融部门可称为普惠金融部门。这意味着,普惠金融部门要满足所有人的金融服务需求,尤其是要包容那些过去被正规金融部门排斥或服务不足的贫困者、低收入者和中小微企业,满足这些群体的金融服务需求。

目前,普惠金融的定义五花八门。2011 年普惠金融全球合作伙伴组织(GPFI)将普惠金融定义为"所有处于工作年龄的成年人(包括目前被金融体系排斥的人),都能够有效获得正规金融机构提供的以下金融服务:贷款、储蓄(广义概念,包括活期账户)、支付和保险"[②]。世界银行和中国人民银行在 2018 年年初联合发布的《全球视野下的中国普惠金融:实践、经验与挑战》报告将普惠金融定义为"个人、小微企业能够获取和使用一系列合适的金融产品和服务,这些金融产品和服务对消费者而言便捷安全,对提供者而言商业可持续"[③]。

综合不同的定义,我们可以把普惠金融定义为:普惠金融涉及金融部门向所有金融服务需求者开放获得和利用各种金融服务的机会,满足其金融服务需求,尤其是接纳和包容此前被正规金融部门排斥或服务不足的特殊金融服务需求群体,向其开放获得和利用各种金融服务的机会,以商业可持续的方式满足其金融服务需求。这些金融服务

[①] United Nations, Building Inclusive Financial Sectors for Development, May 2006。报告的中译本为《建设普惠金融体系》,中文直译应为《为了发展而建立普惠金融部门》。

[②] GPFI, Global Standard – Setting Bodies and Financial Inclusion for the Poor: Toward Proportionate Standards and Guidance, Washington, D. C.

[③] 世界银行、中国人民银行:《全球视野下的中国普惠金融:实践、经验与挑战》,中国人民银行网站,http://www.pbc.gov.cn/jingrxfqy/145720/3364077/3482997/index.html。

的获得和利用，对于这些特殊群体应该快捷、便利、安全、适当、成本可负担。值得注意的是，这些特殊群体包括城乡小微企业、分散农户、低收入人群、贫困人群、伤残人员、老年人，等等。

综合各方面的观点，普惠金融应具有如下特点：一是普惠金融服务提供者的商业可持续性；二是普惠金融服务的多样性；三是普惠金融服务的可得性；四是获得和利用普惠金融服务的适当性；五是获得和利用普惠金融服务的便捷性；六是获得和利用普惠金融服务的安全性；七是获得和利用普惠金融服务的成本可负担性。

应该注意，普惠金融服务供给者的商业可持续性要求优先。此外，成本可负担要求并不等同于低利率或者低于金融服务提供成本的利率。但是，虽然普惠金融实质为包容性金融，在计息上对被正规金融部门排斥或服务不足的那部分人口有所"包容"，是值得提倡和鼓励的，但也不应该强制规定推行；计取超过法律许可的高息会受到法律的惩罚（当然，如果法律规定的利息上限过低，则是修法的问题）。孟加拉乡村银行（Grameen Bank）和印尼人民银行所属农村银行（BRI – Unit Desa）都是国际上著名的普惠金融机构，但是，孟加拉乡村银行设计的是商业性小额信用贷款模式，村庄借款人小组讨论决定放贷，无抵押担保，小额高息（年化利率20%），每周一次等额还款[①]；印尼人民银行所属农村银行在1994年计取的有抵押担保小额信贷实际利率达21.1%（名义利率达32.9%）[②]。

数字技术与金融的结合可以称为数字金融或金融科技，在中国还被称为"互联网金融"[③]。数字普惠金融这一概念是数字化与普惠金融理念相结合的产物。在移动互联快速发展、智能手机日益普及、全球经济和金融快速数字化的背景下，随着世界各国政府纷纷推进普惠

---

① Yunus, M., "Banker to the Poor: Micro – Lending and the Battle against World Poverty", New York: Public Affairs, 2008.; Grameen Bank, "Grammen Bank Interest Rate", https://www.grameen – bank.net/grameen – bank – interest – rate/, retrieved October 6, 2020.

② GDRC, "BRI – Unit Desa, Indonesia", https://www.gdrc.org/icm/country/unit – desa.html, retrieved October 6, 2020.

③ 谢平：《互联网金融的基本理论要点》，《21世纪经济报道》2014年3月10日。

金融的发展，人们越来越多地考虑结合数字技术发展普惠金融。数字普惠金融的概念和理念应运而生。较早提出数字普惠金融概念和理念的文献是 2014 年 9 月 G20 普惠金融全球伙伴关系（GPFI）撰写的当年工作计划。该计划确定 2014 年 10 月 30—31 日在瑞士巴塞尔举行的第二届标准建立机构与普惠金融大会的主题为"为变化中的数字普惠金融（digital financial inclusion）建立标准"①。

2015 年，世界银行扶贫协商小组（CGAP）撰文对数字普惠金融提出了定义。按此，数字普惠金融被定义为"被正规金融部门排斥或服务不足的人口通过数字方式获得和利用正规金融服务。这些服务应当切合客户的需要，以负责任的方式提供，对于客户来说成本可负担，对于提供者而言可持续"②。

CGAP 的数字普惠金融定义比较简明扼要，但是存在以下问题：第一，数字普惠金融应该是金融部门通过数字方式满足所有人口的金融服务需求，而非仅仅满足被正规金融部门排斥或其服务不足的人口的金融服务需求；第二，金融服务提供者满足的是各种金融服务需求，而不仅是需要；第三，单纯把正规金融服务包括在金融服务范围内过于狭窄，应该还包括非正规金融服务，比如农民资金互助也属于普惠金融；第四，尽量把普惠金融的一些特点要求纳入定义是有其好处的，优于不纳入，而这里只包括了可得性、成本可负担性和商业可持续性（即上述 CGAP 定义中的"可持续"）三项特点要求，其他特点要求，比如获得和使用金融服务的多样性、安全性、适当性和便捷性则没有被纳入。③

综合考虑各要素，数字普惠金融可定义为："所有人口，尤其是被正规金融部门排斥或服务不足的人口，通过数字方式获得和利用各

---

① G20 Global Partnership for Financial Inclusion（GPFI），"Global Partnership for Financial Inclusion: 2014 Work Plan"，2013.
② CGAP, "Digital Financial Inclusion: Implications for Customers, Regulators, Supervisors, and Standard‐Setting Bodies", *CGAP Brief*, March 2015, p. 1.
③ 世界银行、中国人民银行：《全球视野下的中国普惠金融：实践、经验与挑战》，中国金融出版社 2019 年版，第 5 页及其后；冯兴元、孙同全、张玉环、董翀：《农村普惠金融研究》，中国社会科学出版社 2019 年版，第 5 页及其后。

种金融服务。这些服务应当切合客户的需求，以负责任的方式提供，对于客户来说安全、适当、便捷与成本可负担，对于提供者而言商业可持续。"很明显，普惠金融的特点要求也适用于数字普惠金融的特点要求。

本报告涉及有关县域数字普惠金融发展的研究。这里的"县域"是指中国的县、县级市、旗，不包括区及其所涉及的城乡地域。因此，本报告特别聚焦于在中国的县、县级市和旗的数字普惠金融发展。

二　普惠金融体系的构成要素与数字普惠金融的位置

世界银行扶贫协商小组强调建设普惠金融体系。下面将阐明普惠金融体系的构成要素，分析数字普惠金融在其中的位置及其随着时间的进程可能产生的变化。

（一）普惠金融体系的构成要素

普惠金融的运作需要倚仗微观、中观和宏观三个层面主体和相关机制的配合，形成一个普惠金融体系，从而发挥合力，服务于所有人口，尤其需要包容被正规金融部门排斥或者服务不足的低收入人口、小微企业等特殊群体，满足所有人口，尤其是特殊群体的金融服务需求。普惠金融体系的结构与要素可见图1-1。根据世界银行扶贫协商小组的《建设普惠金融体系》报告，普惠金融体系由客户、微观层面、中观层面以及宏观层面构成。[1] 该体系也由需求方和供给方组成，其中需求方为客户，供给方为微观、中观和宏观层面的主体。

---

[1] Helms, Brigit, "Access for all: Building Inclusive Financial Systems", Consultative Group to Assist the Poor, World Bank, 2006, p.14.

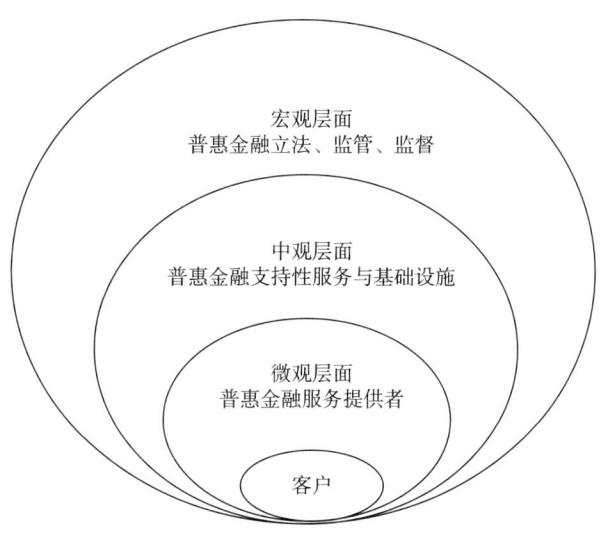

图1-1 普惠金融体系示意

资料来源：Helms（2006）。

客户：普惠金融体系的服务对象需要针对所有人口，特别是需要针对和包容此前被正规金融机构排斥或服务不足的贫困者和低收入客户这类特殊群体。微观、中观和宏观层面的金融服务供给以及配套服务供给均需要特别面向这些群体的金融服务需求。

微观层面：普惠金融体系的支柱仍然是金融服务提供者，尤其是那些直接向低收入群体和小微企业等此前被正规金融部门排斥或服务不足的特殊群体提供零售金融服务的提供者。这些金融服务提供者处于微观层面，提供各种金融服务零售业务，可以是自然人，也可以是机构，尤其是银行业金融机构和金融科技平台公司。

中观层面：该层面包括基本的金融基础设施和一系列有利于降低金融服务交易成本、扩大覆盖面、增进技能和促进金融服务提供透明度的社会化服务。普惠金融的基础设施属于普惠金融体系的中观层面的支柱之一，包括转账支付系统、信息系统以及各种信息技术，等等。该层面存在各种各样的社会化服务及其提供者，这些社会化服务提供者包括审计师、评级机构、职业网络、行业协会、技术服务提供商和培训机构等。

宏观层面：针对普惠金融发展，需要确立适当的法规政策框架，尤其是监管和监督框架。相关的负责机构包括立法机关、中央银行、金融监管部门、财政部等。相关的政策法规也很多，比如2015年国务院印发的《推进普惠金融发展规划（2016—2020年）》就是其中之一。

在中国，不仅多数分散农户，而且多数现代农业经营主体都被全部或者部分排斥在传统金融机构的金融服务之外，因而两者都是普惠金融服务针对的需要包容的特殊群体。

（二）数字普惠金融的位置

如果在宏观、中观和微观层面去落实上述普惠金融体系的要求，我们就说这是在建立和完善普惠金融体系。可以说，目前世界各国的普惠金融体系仍然在建立和完善过程之中，主要是改造现有金融体系，建立或扩建普惠金融部门，该部门特别包容和服务那些以往被正规金融部门排斥的或服务不足的客户群体。各国政府陆续推出了或者正在推出针对这些客户群体的普惠金融发展战略和政策框架，推动建立或扩建普惠金融的基础设施，尤其是数字基础设施（包括数字征信系统）；发展涉及推行金融科技和数字普惠金融的社会化服务组织；鼓励业界引入和推广各种普惠金融服务解决方案，尤其是基于金融科技的解决方案；推动金融科技平台企业和正规金融机构的普惠金融运作，以及两者之间的融合或合作。在这个过程中，正规金融机构面临着巨大的压力，需要用金融科技手段去改造和升级自身的运营框架，建立或利用自己的、共享的或者第三方的金融科技核心能力中心，推进数字普惠金融运作。

中国的普惠金融体系包括县域普惠金融体系已经初步建成，但还在完善过程中。数字普惠金融目前是中国现有的普惠金融体系的重要组成部分，而且基础设施大多数已经是数字基础设施。在未来，中国的普惠金融体系，包括县域普惠金融体系总体上必然是以数字普惠金融为核心和主体的数字普惠金融体系。目前，中国的金融科技平台公司在金融科技方面占据了技术优势。从微观层面即机构层面看，中国既有国际领先的金融科技平台公司，也有普惠金融体系基本组成部分缺失的问题，那就是中国仍然缺乏真正的、能够在较大范围内稳健运作的信用合作机构。

三 数字普惠金融的基本要素

根据世界银行扶贫协商小组的分析，数字普惠金融的基本要素应包括以下四项[①]：

一是数字交易平台。使客户能够通过使用传输和接收交易数据的设备，并连接到允许存储电子价值的银行或非银行机构，以电子方式进行付款和转账，并以电子方式存储价值。

二是设备。客户使用的、可以是传输信息的数字设备（移动电话等），也可以是连接到数字设备（如销售点终端）的工具（支付卡等）。

三是零售代理商（retail agents）。代理商有与通信基础设施相连的数字设备来传送和接收交易细节，使客户能够把现金转换成电子存储价值（现金流入）和把存储价值转换回现金（现金支出）。这里也包括接受第三方支付的零售代理商，在中国称"码商"。

四是金融服务。通过数字交易平台，银行和非银行机构可以向金融排斥者和未得到充分金融服务的人提供额外的金融服务，包括信贷、储蓄、保险，甚至依赖数字数据来锁定客户并管理风险的证券交易。这些金融服务需要尽量符合普惠金融的上述特点要求。

很显然，在研究、探讨甚至推动县域数字普惠金融发展时，我们需要考虑这些基本要素。

---

① CGAP，"What is Digital Financial Inclusion and Why Does it Matter?" http：//www. cgap. org/blog/what–digital–financialinclusion–and–why–does–it–matter，10 March，2015.

第二章 文献综述

在 2014 年数字普惠金融概念出台后,国外文献分析这一概念和相关理念及其应用的研究陆续出现。国内文献的相应研究发生在 2016 年 G20 决定推出《G20 数字普惠金融高级原则》之后。一些对数字普惠金融的研究,实际上该概念在国内外得到传播之前就已经存在。这些研究文献没有使用数字普惠金融的概念,只是使用数字金融、金融科技或互联网金融的概念,但是涉及"三农"金融服务,尤其是"三农"普惠金融。本书的评述聚焦于与农村金融发展和"三农"发展有关的数字普惠金融研究。

有关农村与县域数字普惠金融发展的总体研究

一些学者对农村与县域数字普惠金融发展的总体现状和问题做了研究。大多是定性研究和案例研究,缺少量化的研究,无法对当前数字普惠金融的发展进行准确全面的评估。

尹应凯、侯蕤认为中国结合了发展中国家"移动金融"和发达国家"金融科技"的优点,形成了数字普惠金融的"综合模式",即具有"服务群体全方位、金融产品多层次发展路径跨越式"的特点。对于面向农户的数字普惠金融服务,他们认为目前中国的农户数字化程度低、农村地区数字普惠金融基础设施薄弱、正规金融部门数字征信体系还处于发展初期，因此主要还是依托网点与人工。① 姚金楼等通过观察互联网与计算、大数据等在农村移动支付、网银、手机银行、网络借贷、互联网众筹等诸多方面的实践，认为数字普惠金融可以降低金融服务成本，更好地推动普惠金融在农村的落地，并使用调查问卷对目前农村数字普惠金融的现状进行了研究。② 张正平和江千舟从银行业传统业务的电子化（包括综合业务、征信查询、信贷管理等）和业务互联网化，如快捷支付、P2P、互联网贷款等说明了农村金融互联网化的实践。③ 谢汶磊根据实地调研，对江西省婺源县和湖北省嘉鱼县数字普惠金融发展水平及其差异的影响因素进行了研究，研究表明，开设金融便民店、金融知识宣传等措施对当下农村数字普惠金融发展有促进作用。④ 郑美华梳理了农村普惠金融发展脉络，将农村数字普惠金融划分为三种模式，即基于金融机构、基于农业供应链金融服务商和基于金融科技企业的农村普惠金融模式，认为数字普惠金融能有效缓解农村金融服务供给中的诸多矛盾。⑤

二 数字普惠金融对农村金融发展的影响研究

数字普惠金融增进了农村需求主体的金融服务可得性。林政等从互联网金融角度出发，认为这一方式大大提高了金融资源的可获得性，降低了由于信息不对称和金融资源中介化带来的交易成本，通过互联网平台进行交易，能够打破时空限制，有效弥补农村地区金融基

---

① 尹应凯、侯蕤：《数字普惠金融的发展逻辑、国际经验与中国贡献》，《学术探索》2017年第3期。
② 姚金楼、王承萍、张宇：《"三农"领域发展数字普惠金融的调研与思考——基于供给侧结构性改革背景》，《金融纵横》2016年第6期。
③ 张正平、江千舟：《农村金融机构的互联网化：现状、问题、原因及对策》，《农村金融研究》2016年第7期。
④ 谢汶磊：《农村数字普惠金融县域差异的影响因素分析——基于婺源县和嘉鱼县的调研》，《湖北经济学院学报》（人文社会科学版）2019年第11期。
⑤ 郑美华：《农村数字普惠金融：发展模式与典型案例》，《农村经济》2019年第3期。

础设施供给不足的局面。① 刘志平注意到互联网金融的迅速发展为农村金融带来了新的机遇,认为金融机构应该顺应这个潮流,创新农村金融产品,满足农村的金融需求。② 张栋浩和尹志超通过研究发现,金融科技发展带来的数字金融服务在农村家庭应对风险方面比传统金融服务发挥着更大的作用。③ 谢绚丽指出,相比传统金融,数字支持的金融服务受地区经济发展水平的制约较小,地理穿透性较强,落后地区也不至于"输在起跑线上"。④ 杨伊等对江西省互联网金融的实证研究表明,互联网对农村存款增量、助农服务点交易、农村地区金融产出水平都有显著的积极影响,并认为这种影响会越来越凸显。⑤

三 数字普惠金融对"三农"发展的影响研究

一些研究表明,数字普惠金融的发展促进了农村的包容性增长。任碧云等的研究表明,数字支付、数字借贷和其他数字金融服务的可得性对农村包容性增长有显著的直接促进作用。⑥

研究表明,数字普惠金融的发展有助于显著缩小城乡之间的收入差距。宋晓玲从互联网金融服务的视角,实证分析数字普惠金融对城乡收入差距的影响,认为数字普惠金融的发展能显著缩小城乡居民收入差距。⑦ 张子豪等运用空间面板计量模型实证分析了数字普惠金融

---

① 林政、李高勇:《互联网金融背景下的普惠金融发展研究》,《管理现代化》2016年第5期。
② 刘志平:《互联网金融对农村金融的启示》,《中国金融》2015年第3期。
③ 张栋浩、尹志超:《金融普惠、风险应对与农村家庭贫困脆弱性》,《中国农村经济》2018年第4期。
④ 谢绚丽主编:《科技赋能——中国数字金融的商业实践》,中国人民大学出版社2018年版。
⑤ 杨伊、高彪:《互联网金融推动农村普惠金融发展实证研究——以江西省为例》,《武汉金融》2017年第8期。
⑥ 任碧云、李柳颖:《数字普惠金融是否促进农村包容性增长——基于京津冀2114位农村居民调查数据的研究》,《现代财经》(天津财经大学学报)2019年第4期。
⑦ 宋晓玲:《数字普惠金融缩小城乡收入差距的实证检验》,《财经科学》2017年第6期。

对中国城乡收入差距的影响，结果表明数字普惠金融对缩小城乡收入差距有显著的促进作用，可以提升低收入群体福利水平，帮助欠发达地区加速发展。① 夏妍选取 2011—2015 年数据进行面板回归模型实证检验，发现除西部地区外，在全国、东部和中部地区，数字普惠金融的发展对缩小城乡收入差距都有显著的正向效应。② 张贺和白钦先使用省级面板数据做的门槛回归分析也得出了类似的结论。③ 梁双陆等基于 2011—2015 年省级面板数据，测算 31 个省级区域的泰尔指数，使用面板回归模型检验发现数字普惠金融可以有效收敛城乡收入差距。④ 一些研究做了更为细致的分析，其结论是，一个地区数字普惠金融的发展需要超过某个临界值才能产生缩小城乡收入差距的影响。如张凯基于 2011—2015 年 31 个省（市）的面板数据，从全国、东北地区、东部地区、中部地区和西部地区研究数字普惠金融的发展对城乡居民收入差距的影响。结果显示，数字普惠金融的发展存在一定的临界值，在该临界值前后会对城乡居民的收入差距产生不同的影响，除东部地区数字普惠金融的发展水平超过了这个临界值并且能够显著缩小城乡居民收入差距之外，其余地区数字普惠金融的发展还不能对城乡居民收入差距的缩小产生显著影响。⑤

现有研究还表明，数字普惠金融的发展对促进中国农村居民消费总体上有着显著的正向影响，但是对西部地区影响不显著。崔海燕利用 2011—2015 年 26 个省份的数字普惠金融指数以及农村居民和城镇居民的家庭收支调查数据对中国农村居民消费行为进行了实证分析，其结论是，在全国层面，数字普惠金融对促进中国农村居民消费有显

---

① 张子豪、谭燕芝：《数字普惠金融与中国城乡收入差距——基于空间计量模型的实证分析》，《理论探索》2018 年第 6 期。
② 夏妍：《中国数字普惠金融发展对缩小城乡收入差距的影响研究》，硕士学位论文，云南财经大学，2018 年。
③ 张贺、白钦先：《数字普惠金融减小了城乡收入差距吗？——基于中国省级数据的面板门槛回归分析》，《经济问题探索》2018 年第 10 期。
④ 梁双陆、刘培培：《数字普惠金融与城乡收入差距》，《首都经济贸易大学学报》2019 年第 1 期。
⑤ 张凯：《数字普惠金融对城乡居民收入差距的影响研究》，硕士学位论文，兰州大学，2018 年。

著正向影响,在地区层面,数字普惠金融对东部地区和中部地区农村居民消费有正向影响,对西部地区影响不显著。① 周雨晴等还运用中国家庭金融调查(CHFS)和北京大学数字金融研究中心的数据,建立及推导跨期投资决策模型,发现数字普惠金融发展有效促进了农户家庭金融市场参与和风险金融资产配置,其中农户金融素养和智能化素养提升对其金融市场参与和风险金融资产配置的影响更大。②

数字普惠金融是提升欠发达地区金融普惠性的强大手段,也是未来普惠金融发展的方向。③ 研究表明,数字普惠金融对农村减贫有着积极的影响。数字普惠金融可以使之前受到金融排斥的个体能够在教育、储蓄和开展业务方面进行投资,这有助于减少贫困。④ 因为互联网金融与普惠金融呈现出高度的耦合性,可以助推中国精准扶贫脱贫,缓解农村金融排斥。⑤ 数字普惠金融在节约社会资源、降低金融交易成本、提升金融服务体验和形成有价值的数据等方面可以促进社会发展,助推中国的精准扶贫和精准脱贫。⑥ 数字普惠金融突破了传统金融扶贫的时空局限性,也拓宽了扶贫的精度和广度⑦,但必须认识到数字普惠金融在农村地区面临信用体系缺乏、消费者数字技术知识缺失等现实问题。牛余斌使用2011—2015年中国31个省份的面板数据,实证研究数字普惠金融对贫困减缓的效果,得出二者呈正相关的结论;提出要使数字普惠金融扶贫效果最大化,需要有效识别扶贫

---

① 崔海燕:《数字普惠金融对我国农村居民消费的影响研究》,《经济研究参考》2017年第11期。
② 周雨晴、何广文:《数字普惠金融发展对农户家庭金融资产配置的影响》,《当代经济科学》2020年第3期。
③ 赵经涛:《对欠发达地区发展数字普惠金融的几点思考》,《甘肃金融》2017年第8期。
④ Beck T., Asli Demirgü-Kunt, Levine R., "Finance, Inequality and the Poor", *Journal of Economic Growth*, 2007, 12 (1): 27-49; Miriam Bruhn, Inessa Love, "The Real Impact of Improved Access to Finance: Evidence from Mexico", *Journal of finance*, 2014.
⑤ 董玉峰、刘婷婷、路振家:《农村互联网金融的现实需求、困境与建议》,《新金融》2016年第11期。
⑥ 刘顺平、朱丹娜、刘怡君:《数字普惠金融推动脱贫攻坚的优势分析、具体实践与路径选择》,《西部金融》2017年第4期。
⑦ 潘锡泉:《数字普惠金融助力精准扶贫的创新机制》,《当代经济管理》2018年第10期。

对象，充分发挥金融扶贫和财政扶贫协调联动效应。① 刘锦怡等发现数字普惠金融可以促进互联网信贷和保险发展，从而直接减缓农村贫困，同时可以增加个体就业和私营企业就业，从而间接减缓农村贫困。②

四 有关农村与县域数字普惠金融指数的具体研究

2016年《G20数字普惠金融高级原则》提出，一个全面的数字普惠金融监测评估系统对于发展数字普惠金融具有重要意义，有助于分析和掌握数字普惠金融的发展趋势和障碍，同时为政府的普惠金融政策的制定和修改提供参考。数字普惠金融发展指数显然属于这类监测评估系统的一部分。

在关注数字普惠金融之前，一些学者研究了普惠金融指数。Sarma首次建立了银行普惠金融服务指数体系，从三个维度（银行服务的渗透度、银行服务的可得性、银行服务的使用度）来分析印度各地银行普惠金融服务的发展状况③，但是该体系较为简单，每一维度下只包含单一的指标，主要关注的是银行服务的普惠金融发展水平。Arora对Sarma的指数体系进行了完善，对每一个维度下的指标进行了补充，并且考虑了交易所需花费的时间和费用，建立了一套新的银行服务可得性三维指数体系，包括覆盖面、便利度和成本。补充的两个维度使指数体系更加全面。但是Arora更多的是对金融服务的成本

---

① 牛余斌：《中国数字普惠金融发展对贫困减缓的实证研究》，硕士学位论文，山东大学，2018年。
② 刘锦怡、刘纯阳：《数字普惠金融的农村减贫效应：效果与机制》，《财经论丛》2020年第1期。
③ Sarma, Mandira, "Index of Financial Inclusion", Working Paper No. 205, Indian Council for Research on International Economic Relations, June 2008; Sarma, M, Pais J, "Financial Inclusion and Development", *Journal of International Development*, 2011, 23 (5): 613–628.

进行了评价，但忽视了对金融服务效率的评价。① Gupte 等综合 Samar 和 Arora 的指数体系，建立了一个四维的银行普惠金融服务指数体系，主要包括覆盖面、使用度、便利度和成本四个方面，并采用了一套新的指数得分测度方法。②

国内对普惠金融指数体系的构建大多侧重金融服务的可得性方面。李明贤等通过对金融渗透度、可接触性、效用性的测算，对中部五省的普惠金融状况进行评价，其中可接触性包括农户人均存款和农户人均涉农贷款两项，效用性则由农户存款余额和涉农贷款余额占当地 GDP 的百分比构成。③ 成艾华等加入了保险、互联网金融等指标，建立起一个四维的指数体系，具体包括覆盖广度、使用深度、服务质量、数字普惠金融程度。④ 但是其对于服务质量下的子指标分类比较模糊。张珩等从 4 个维度建立了普惠金融指数体系，包括普惠渗透性、使用度、效用度、承受度，对陕西省农村普惠金融进行了分析，该指数体系考虑了成本的因素，将可获得性和金融成本放在一起考虑，是比较全面的指数体系，但是该指数体系未能从空间上考虑金融的便利程度，也没有考虑数字金融对普惠金融的影响。⑤ 李巧莎等同时从供给侧和需求侧方面构建了普惠金融指数体系，从供给角度设置了 6 个维度，即金融服务的覆盖度、金融服务的可得性、金融服务的便利性、金融服务的可持续性、金融服务的环境、金融服务的质量和效果。从需求角度设置了 3 个维度，即金融服务的使用情况、金融贡

---

① Rashmi Umesh Arora, "Measuring Financial Access, Griffith Business School", Discussion Papers, No. 2007 – 2010, January 2010.
② Gupte R, Venkataramani B, Gupta D., "Computation of Financial Inclusion Index for India", *Procedia Social & Behavioral Sciences*, 2012, 37（1）: 133 – 149.
③ 李明贤、谭思超：《我国中部五省农村普惠金融发展水平及其影响因素分析》，《武汉金融》2018 年第 4 期。
④ 成艾华、蒋杭：《基于 G1 - 变异系数法的普惠金融发展指数研究——以湖北为例》，《武汉金融》2018 年第 4 期。
⑤ 张珩、罗剑朝、郝一帆：《农村普惠金融发展水平及影响因素分析——基于陕西省 107 家农村信用社全机构数据的经验考察》，《中国农村经济》2017 年第 1 期。

献度、金融扶弱度。① 但其分析未能进行实际的得分测算，而且把普惠金融的供给指标和需求指标放在一起以测算总指数得分，存在把不同层面的指标混入同一层面的问题。

此外，一些国际机构对普惠金融开展了指数或指标体系研究。世界银行从2011年开始发布全球金融包容性指数调查（Global Findex）数据，相关指数体系包含了银行账户使用情况、储蓄、借款、支付和应急基金五大类指标，目前一共包括了474个普惠金融分项指标。普惠金融全球合作伙伴（GPFI）在2012年墨西哥洛斯卡斯沃G20峰会通过了《G20普惠金融指数体系》，从金融服务的可得性、使用情况和使用质量3个维度设立了29个指标；2015年俄罗斯圣彼得堡G20峰会对此进行了扩展，增加与金融素养和金融服务质量相关的指标。国际货币基金组织从2015年起发布金融服务可得性指数调查结果，该调查利用了中央银行、监管部门和相关统计机构的资料，评估了综合指标、金融服务可得性、金融服务使用情况等242个指标。中国人民银行在2016年建立了一个中国普惠金融指标体系，包含使用情况、可得性、质量3个维度共21类51项指标，并于2018年8月发布了《中国普惠金融指标分析报告（2017）》，在报告中发布了主要的指标值，并对当前中国普惠金融发展过程中存在的问题进行了分析和评估。

随着数字金融的迅速发展，越来越多的人可以通过电脑、手机操作完成转账、贷款等业务，但是目前大多数对于普惠金融指数体系的研究是以传统银行业金融服务为主，没能考虑数字金融对于普惠金融的影响，可能导致金融的普惠程度被低估的问题。2016年G20杭州峰会根据当前数字金融技术的快速发展状况，对《G20普惠金融指标体系》进行修订，加入了11个衡量数字普惠金融发展的指标，涵盖了大部分数字金融支付工具、传输方式和用途，形成了普惠金融可得性、使用情况与金融服务和产品质量3个维度19大类35个指标，以

---

① 李巧莎、杨伟坤、杨京昊：《构建中国农村普惠金融指标体系的国际经验与启示》，《经济研究参考》2017年第21期。

使新的《G20普惠金融指标体系》更好地反映当前普惠金融的发展。但是《G20普惠金融指标体系》主要是对不同国家的普惠金融状况进行评测，许多指标并不适用于农村地区普惠金融评测。此外，考虑到存在数据可获得性的问题，目前大多数对于普惠金融指数体系的研究会对数字普惠金融指标视而不见，或对其重视程度不够，给予较低的指标权重。

目前国内较为全面和系统衡量农村或县域数字普惠金融发展的指数研究较为缺乏，只有北京大学数字金融研究中心课题组建构的县域数字普惠金融指数体系属于此类指数体系。该指数体系基于蚂蚁集团提供的33个指标的数据，由覆盖广度、使用深度以及数字化程度三个一级维度构成。课题组在此基础上综合测算了全国各省、各区域以及各县三个层面的数字普惠金融指数评价体系各级指标的得分。[1] 该指数评价体系是中国首个数字普惠金融指数评价体系，有很多创新和可借鉴之处，也代表了迄今为止中国构建数字普惠金融指数体系的学术前沿水平。一些学者利用此项研究成果，对中国农村数字普惠金融发展状况做了进一步的研究，或者分析了数字普惠金融的一些影响。例如贝多广等利用该指数，结合部分地区乡镇的问卷调查数据，分析了中国农村居民的数字普惠金融发展现状。[2] 宋晓玲在该指数的基础上，运用泰尔指数测算了数字普惠金融对城乡收入差距的影响。[3] 不过，该指数的一些指标已经过时，比如"支付宝绑卡用户比例"指标就是如此。还可以增加一些新的指标。另外，第三个一级维度"数字化程度"的名称还可以精准化，比如"服务质量"这种名称更为精准。另外，这个一级维度的内涵也可以更为丰富，比如可以考虑增加可负担度和安全度，等等。

此外，目前出现了衡量单个或几个县的数字普惠金融指数的研究。比如西南财经大学中国金融研究中心针对县域数字普惠金融发

---

[1] 北京大学数字金融研究中心课题组：《数字普惠金融的中国实践》，中国人民大学出版社2017年版。
[2] 贝多广、李焰：《数字普惠金融新时代》，中信出版社2017年版。
[3] 宋晓玲：《数字普惠金融缩小城乡收入差距的实证检验》，《财经科学》2017年第6期。

展，从数字普惠金融基础设施、数字普惠金融覆盖广度、数字普惠金融使用深度、数字普惠金融社会效益、数字普惠金融发展质量五个维度，对四川绵阳市五县数字普惠金融指数进行的试算。① 不过该指数把不同层面的指标放在了同一层面，比如数字普惠金融基础设施作为一级指标，是其他一级指标数字普惠金融覆盖广度、数字普惠金融使用深度、数字普惠金融社会效益和数字普惠金融发展质量的基础。

---

① 西南财经大学中国金融研究中心：《县域数字普惠金融指数报告——基于绵阳市五县（市）的试算》，2019年3月15日。

第三章 中国县域数字普惠金融发展指数的编制原则与构成

我们首先需要提出编制中国县域数字普惠金融发展指数所要遵循的一些原则，然后根据这些原则要求编制中国县域数字普惠金融发展指数。中国县域数字普惠金融发展指数分为总指数、方面指数以及分项指标（部分分项指标还有二级分项指标）。

一 中国县域数字普惠金融发展指数的编制原则

编制县域数字普惠金融发展指数需要遵循一些原则，比如要反映县域数字普惠金融服务的广度、深度和质量，数字普惠金融服务类型的多样性，要区分不同的县或县级市，要体现普惠金融服务的数字性，选择的指标要有代表性，还要确保指标数据的可获得性。

1. 兼顾县域数字普惠金融的服务广度、深度和质量

编制县域数字普惠金融指数体系需要把握数字普惠金融的内涵和发展特点，从数字普惠金融服务的广度、深度和质量三个方面全方位测度各县（市）数字普惠金融的发展进程与不足。县域数字普惠金融服务广度的提升是数字普惠金融服务提供者需要首先解决的问题。数字普惠金融服务广度涉及有关服务的客户覆盖面或覆盖广度，反映县域内客户对相应数字普惠金融服务的可获得性，关系到究竟对多大比例的客户开放了获得和利用金融服务的机会。数字普惠金融服务深度涉及被覆盖客户的金融服务需求的满足程度，即覆盖深度。服务深度

只涉及被覆盖客户，未被覆盖的客户不在其中，因此只有结合较大的广度和深度才能体现真正的数字普惠金融发展水平。此外，数字普惠金融服务的质量也十分重要，比如要求服务对于需求者而言成本可负担、使用便捷、安全。总的来看，县域数字普惠金融发展指标体系的构建需要从系统性的角度出发，考虑结合数字普惠金融服务的广度、深度和质量三方面的指标，才能较为全面、准确地反映出县域数字普惠金融的发展状况。

2. 考虑县域数字普惠金融服务的多样性

数字普惠金融服务不仅仅是数字贷款或者数字支付服务，它涉及各种不同的金融服务。数字普惠金融服务的提供者需要满足所有需求者的各种不同金融服务需求，特别是那些被正规金融部门排斥或服务不足群体的需求。这些金融服务包括支付、转账、储蓄、信贷、保险、证券、财务规划和银行对账单服务，等等。[①] 因此在构建县域数字普惠金融指标体系时，需要考量包括数字贷款、数字授信、数字支付、数字理财、数字保险在内的多方面的金融服务，才能更加全面地刻画县域数字普惠金融发展的状况。

3. 强调县域数字普惠金融的县域概念

由于本报告主要对县域的数字普惠金融发展状况进行测度，因此在指数体系中的指标选取方面，需要考虑县域的社会经济发展现实情况，选取一些能够结合县域的社会经济发展现状的指标，尽量准确地反映县域数字普惠金融发展的特点和进程。

4. 强调县域数字普惠金融的数字属性

传统县域普惠金融发展的指数体系构建，通常是基于传统金融发展来考虑的，因此在指标选取方面强调线下金融服务的物理可得性，通常考察金融机构的县域网点数量、县域营业网点渗透率以及线下传统金融服务的可获得性。而数字普惠金融更多是依托数字技术实现金融服务，因此在指标选取方面需要强调其互联网属性，对于信贷、保险、理财等业务应当聚焦数字信贷、数字保险、数字理财等。此外，

---

① 李扬、叶蓁蓁主编：《中国普惠金融创新报告》，社会科学文献出版社 2018 年版。

还要考虑随着数字技术的发展，一些数字技术设备或者数字金融服务实现方式已经处在将要被淘汰的地位，因此这些设备或服务实现方式不能体现数字普惠金融的发展程度。比如正规金融机构的 POS 机和 ATM 自动取款机就是这类数字技术设备或者数字金融服务实现方式。

5. 考虑所选取指标的代表性、数据可得性与连续性

在构建指数体系时，必须确保所选取的各项指标具有代表性、数据可得性与连续性，符合数学、统计学、经济学等学科的基本原理要求，保证评价结果的相对客观性。首先需要遵循代表性原则，指标的选取既要突出普惠金融的内涵，又要突出县域和数字化的特点，能够较好地反映和代表县域数字普惠金融的某一方面的特征。其次，数据可得性原则意味着指标一定要在现阶段较易获取，这也是未来测度和利用指标得分的重要基础。最后需要保证指标的连续性，县域数字普惠金融是一个动态发展的过程，指标具有连续性才能保证不同县（市）同一指数之间的横向可比性和不同时期同一县（市）、同一指标的纵向可比性。

二 县域数字普惠金融发展指数评价体系的构成

县域数字普惠金融发展指数评价能够系统衡量中国各县（市）的数字普惠金融发展水平。本报告参照加拿大 Fraser 研究所世界经济自由指数体系和国民经济研究所市场化指数体系的构建方法，将指数体系从上到下分为四级：总指数、方面指数、分项指标、二级分项指标。本报告按照上述指数评价体系编制原则，在现有文献的基础上，从县域数字普惠金融服务广度、县域数字普惠金融服务深度和县域数字普惠金融服务质量三个方面构建县域数字普惠金融发展指数体系。也就是说，本指数平均体系的总指数由县域数字普惠金融服务广度、县域数字普惠金融服务深度和县域数字普惠金融服务质量三个方面指数构成。如表 3-1 所示，该指数评价体系的总指数包含 3 个方面指

数,3个方面指数又可细分为13个分项指标。此外,部分分项指标之下还设二级分项指标,共有20个二级分项指标。我们选择分项指标和二级分项指标是为了计算其在有关县域得分,再计算方面指数和总指数的得分。这些分项指标和二级分项指标总体上可以分为两类:一类为正向指标,也就是其指标值越大评价越好的指标;另一类为反向指标或逆向指标,也就是其指标值越小评价越好的指标。值得注意的是,在本县域数字普惠金融发展指数评价体系中,绝大多数分项指标和二级分项指标属于正向指标,极少数属于反向指标。

表3-1　县域数字普惠金融发展指数评价体系的指标构成

方面指数	分项指标	二级分项指标	说明	
服务广度	数字支付服务广度	—	每万人数字(支付宝)账户开通占比	正向指标
	数字授信服务广度	—	每万人数字授信用户数	正向指标
	数字贷款服务广度	—	每万人数字贷款准入户数	正向指标
	数字理财服务广度	—	每万人数字理财开通户数	正向指标
	数字保险服务广度	—	每万人数字保险开通户数	正向指标
服务深度	数字支付服务深度	户均数字支付笔数		正向指标
		户均数字支付金额		正向指标
		活跃数字支付用户占比	一年交易笔数大于365笔的用户/一年交易笔数超过1笔的用户	正向指标
	数字授信服务深度	全部授信用户中首次授信用户占比	首次授信用户是指以前没有在其他传统银行贷款的用户(信用白户)	正向指标
		户均数字授信额度占人均GDP比重		正向指标

续表

方面指数	分项指标	二级分项指标	说明	
服务深度	数字贷款服务深度	户均数字贷款笔数		正向指标
		户均数字贷款累放金额		正向指标
		每万人数字贷款首贷比		正向指标
		数字贷款总余额占GDP比重		正向指标
		户均单笔数字贷款余额占当地人均GDP比重		正向指标
	数字理财服务深度	户均数字理财笔数		正向指标
		户均数字理财金额		正向指标
	数字保险服务深度	户均数字保险笔数		正向指标
		户均数字保险金额		正向指标
服务质量	便捷度	每万人口码商数量	码商为接受扫码支付的商家	正向指标
		码商发展活跃度	活跃码商占比即一年经营收款超过365笔的码商数/一年经营收款超过1笔的码商数	正向指标
		全天候金融服务程度	是否310贷款，全天候任何金额借款、按日计息	正向指标
	利率水平	数字贷款利率水平	这里数字贷款是指小微经营贷款利率	负向指标
	安全度	数字贷款违约率		负向指标
		账户安全险覆盖率	网商银行账户安全险覆盖度	正向指标

县域数字普惠金融服务广度反映有关县域数字普惠金融服务的覆盖广度或覆盖面，说明有关服务覆盖县域人口的程度。县域数字普惠金融服务广度方面指数由数字支付、数字授信、数字贷款、数字理财和数字保险5个分项指标构成，涵盖了县域数字金融服务的全部主要类型。考虑到拥有数字账户是移动支付的前提和基础，这里使用"每万人数字（支付宝）账户开通占比"反映数字支付服务广度这一分项指标的具体得分。需要说明的是，本报告之所以采用支付宝账户的

开通比来衡量全国各县市移动支付覆盖广度，存在两个方面的考虑。一是考虑支付宝作为当前数字支付领域的最主要支付工具之一，具有代表性。截至 2019 年第三季度末，支付宝在数字支付领域的市场份额达 53.58%，在数字支付行业稳居首位。① 二是考虑到数据可得性的问题，课题组可以取得支付宝在各县（市）的开通率数据，但是难以取得其他支付工具的相关数据。这里，我们还分别使用每万人数字授信用户数、每万人数字贷款准入户数、每万人数字理财开通户数、每万人数字保险开通户数来衡量数字贷款、数字授信、数字理财以及数字保险服务广度四个分项指标的具体得分表现。指标值越大说明数字授信、数字贷款、数字理财、数字保险服务的客户覆盖面越高，即服务可得性越大。

县域数字普惠金融服务深度反映有关县域数字普惠金融服务的覆盖深度，也就是说明该项服务需求的满足程度。县域数字普惠金融服务深度方面指数由数字支付、数字授信、数字贷款、数字理财以及数字保险 5 个分项指标构成。其中数字支付服务深度分项指标由户均数字支付笔数、户均数字支付金额、活跃数字支付用户占比 3 个二级分项指标构成，可较好地衡量县域数字支付服务深度。这里的"户均"，是指"每个数字支付账户平均"。分项指标数字授信服务深度由全部授信用户中首次授信用户占比和户均数字授信额度占人均 GDP 比重 2 个二级分项指标组成，均为正向指标，指标值越大说明数字授信服务深度越大。分项指标数字贷款服务深度由户均数字贷款笔数、户均数字贷款累放金额、每万人数字贷款首贷比、数字贷款总余额占 GDP 比重以及户均单笔数字贷款余额占当地人均 GDP 比重 5 个二级分项指标构成。上述这些二级分项指标的值越大，说明数字贷款服务的覆盖深度越大。这里，"数字贷款总余额占 GDP 比重"反映有关县域对数字贷款的总体使用程度。"户均数字授信额度占人均 GDP 比重"和"户均单笔数字贷款余额占当地人均 GDP 比重"也是正向指标，反映了有关县域年使用数字授信和数字贷款的人均利用程度，包括全部人

---

① 易观智库：《2019 年第三季度移动支付市场监测报告》，2019 年 12 月 19 日。

口，不是专门针对贫困人口。对于贫困人口，似乎指标值越小，说明贫困人口越能够获得这些金融服务。但是这一结论不适用于整个县域的人口。而且，即便是针对贫困人口，仍然需要看对其提供的微型授信和信贷余额是否在增加。因此，不能认为这两个指标为反向指标。分项指标数字理财服务深度由户均数字理财笔数和户均数字理财金额2个二级分项指标构成，用以反映县域居民数字理财的服务深度。户均数字理财笔数越多、金额越大，说明数字理财服务深度越大。分项指标数字保险服务深度由户均数字保险笔数和户均数字保险金额2个二级分项指标构成，同样均为正向指标。

县域数字普惠金融服务质量方面指数由便捷度、利率水平和安全度3个分项指标构成。其中分项指标便捷度是数字普惠金融的最大优势，原因是其可利用数字技术，突破物理和空间约束，为县域居民提供方便快捷的金融服务。分项指标利率水平衡量了普惠金融服务的使用成本，是指小微企业经营贷款利率水平，属于负向指标。普惠金融定义要求所有客户，尤其是小微企业、农户等容易被正规金融部门排斥或服务不足的群体能够以可负担的成本获得和利用金融服务，因此将可负担度纳入县域数字普惠金融指标体系非常必要。但需要强调的是，普惠金融不是"特惠金融"，商业可持续是其发展的最重要的原则之一，一旦普惠金融无法实现商业可持续，那么这种金融服务就成为一种短暂的行为，因此其利率水平的设定必须要至少覆盖服务成本和风险。二级分项指标数字贷款利率水平作为负向指标，意味着利率水平越高，该项指标的得分越低。分项指标安全度也是衡量数字普惠金融发展水平的重要因素，具体包含数字贷款违约率和账户安全险覆盖率2个二级分项指标，其中前者是负向指标，衡量数字普惠金融服务的违约风险程度，而且违约率越高，该项二级分项指标的得分就越低；后者是正向指标，考虑数字普惠金融服务较传统金融服务面临更大的技术风险，通过金融服务提供者提供账户安全险可以有效增进使用普惠金融服务的安全度。

第四章 中国县域数字普惠金融发展指数的测度方法与数据来源

在建立县域数字普惠金融发展指数体系之后,需要确定指数得分的测度办法。具体涉及确定方面指数、分项指标和二级分项指标的权重,对指标进行无量纲化的办法,尤其是加权无量纲化的办法,以及各级指标的得分计算,还要说明数据来源。

一 指标权重的确定

由于县域数字普惠金融发展指数评价体系包含多项、多层指标,而且这些指标的重要性是各不相同的,因此在计算这些指标得分时需要确定其权重。当前各种发展指数的赋权方法主要有以下几种:一是专家打分法,由相关专家对各指标进行主观赋权。这一方法主观性较强,容易造成偏差,但由于不同金融服务的效用和重要性对于其需求者而言差别较大,相互之间存在某种差序格局,因此不通过专家打分法难以确定。比如,分项指标"数字贷款服务广度"和"数字支付服务广度"的权重只有通过专家甚至用户(某种程度上也是专家)打分才能确定,现有的计量技术难以更好地解决这个问题。二是变异系数法。它属于客观赋权法,基于数据本身的特征,利用变异系数赋权。由于各种类型金融服务指标的重要性相差较大,单纯计算变异系数无法反映这种重要性的差别,因此这种客观赋权法不适合对县域数字普惠金融指数的赋权。三是层次分析法,即 AHP 构权法。该方法是将一组复杂的评价对象排列为一个有序的递阶层次结构,然后在各个评价项目之间进行两两比较和判断，计算各个评价项目的相对重要性系数，即权重。层次分析法的要点是建立一个构造合理且一致的判断矩阵，选择好标度。该方法仍然需要利用专家打分法对各指标的初始权重赋权，而标度的选择直接影响判断矩阵的合理性，最终影响指数评价体系各级指标权重的合理性。县域数字普惠金融发展指数评价体系属于多层指标体系，每层指标涉及不同类型的金融服务，借助确定标度来对每层指标赋权，难以保证合理性，反而是对每层指标进行专家打分更为合理。此外还有 CRITIC 分析法和熵权法，它们都属于客观赋权法，问题与上述变异系数法相同，也不适合本书中的指数赋权。

本书采用多层指标权重专家打分法，对每一层的各项指标通过专家打分的方式赋权，要求构成上层指标的所有下层指标得分权重之和为 1。本书邀请 10 名专家分别对县域数字普惠金融发展指标评价体系的方面指数、分项指标和二级分项指标赋权，计算出各指标权重值的简单算术平均值，然后通过取整确定最终权重（如表 4-1 所示）。一般而言，只要权重确定的结果能够明确区分不同指标的相对重要性，并且在结合指标得分计算方法之后，最终得分能够明确体现各区域、各年度在各层、各项指标得分上的相对差异性和相互之间的非扭曲性，那么赋权就可以认为是成功的。

表 4-1　县域数字普惠金融发展指数体系的三个方面指数的权重

方面指数	权重	分项指标	组内权重	二级分项指标	组内权重
服务广度	35%	数字支付服务广度	20%	—	—
		数字授信服务广度	17.14%	—	—
		数字贷款服务广度	34.29%	—	—
		数字理财服务广度	11.43%	—	—
		数字保险服务广度	17.14%	—	—
服务深度	35%	数字支付服务深度	20%	户均数字支付笔数	33.3%
				户均数字支付金额	33.3%
				活跃支付用户占比	33.4%

续表

方面指数	权重	分项指标	组内权重	二级分项指标	组内权重
服务深度	35%	数字授信服务深度	17.14%	万人首次授信数量比（三年内）	50%
				户均数字授信额度占人均 GDP 比重	50%
		数字贷款服务深度	34.29%	户均数字贷款笔数	25%
				户均数字贷款年度累放金额	17%
				万人首贷数量比（三年内）	17%
				数字贷款总余额占 GDP 比重	25%
				用户户均单笔数字贷款余额占当地人均 GDP 比重	16%
		数字理财服务深度	11.43%	户均数字理财笔数	50%
				户均数字理财金额	50%
		数字保险服务深度	17.14%	户均数字保险笔数	50%
				户均数字保险金额	50%
服务质量	30%	便捷度	33.34%	每万人口码商数量	33.4%
				码商发展活跃度	33.3%
				全天候金融服务程度	33.3%
		利率水平	33.33%	数字贷款利率水平	100%
		安全度	33.33%	数字贷款违约率	50%
				账户安全险覆盖率	50%

二 无量纲化

为了使县域数字普惠金融指标体系中不同单位的各指标值具有可比性，在计算县域数字普惠金融发展指数得分前，需要对原始数据进行标准化，消除各自量纲差异。根据文献，目前主流方法是基于距离，对数据进行标准化处理。为了使各年度县域数字普惠金融指数体系的各指标得分具有跨年度可比性，参照加拿大 Fraser 研究所和樊纲等的方法，对各年度指标值进行标准化时统一使用基年（2017 年）

的最大值和最小值。① 需要说明的是，为避免异常值对总指数、方面指数、分项指标和二级分项指标得分的扰动性影响，本报告对二级分项指标和无二级分项指标的分项指标的原始数据进行了5%的缩尾处理。具体无量纲化公式为：

正向指标：$s_i = \dfrac{x_{i,t} - m_{i,2017}}{M_{i,2017} - m_{i,2017}}$

逆向指标：$s_i = \dfrac{M_{i,2017} - x_{i,t}}{M_{i,2017} - m_{i,2017}}$

其中，s_i为第i个指标经过无量纲化处理后得到的数值，$x_{i,t}$为i指标t年的实际值，$M_{i,2017}$为i指标基年2017年的最大值，$m_{i,2017}$为i指标基年2017年的最小值。

三 加权无量纲化

在经过对二级分项指标和无二级分项指标的分项指标的原始数据进行无量纲化处理后，再计算二级分项指标和无二级分项指标的分项指标的加权无量纲化值，具体的计算公式为：

正向指标：$d_i = w_i \dfrac{x_{i,t} - m_{i,2017}}{M_{i,2017} - m_{i,2017}} \times 100$

逆向指标：$d_i = w_i \dfrac{M_{i,2017} - x_{i,t}}{M_{i,2017} - m_{i,2017}} \times 100$

其中，d_i为第i个指标经过加权无量纲化处理后得到的数值，实际上就是该指标的最终得分，w_i为第i个指标在其对应的上一级指标中的组内权重（如果组内只有一个指标，那么其权重为1）。这里，对基年2017年的得分值取值范围为0—100分。

---

① Gwartney, James, Robert Lawson, Joshua Hall and Ryan Murphy, "Economic Freedom of the World 2020", Annual Report, Frazer Institute, 2020；樊纲、王小鲁、朱恒鹏：《中国市场化指数——各地区市场化相对进程2011年报告》，经济科学出版社2011年版。

四 各级指标得分的计算

本报告采取加权求和法来计算总指数、方面指数、分项指标、二级分项指标的得分。每个县（县级市）包括1个总指数得分、3个方面指数得分、13个分项指标得分和20个二级分项指标得分。加权求和法的优点是每级指标的得分均可以用此方法求得。

本指标体系包含总指数、方面指数、分项指标和二级分项指标，共四级指标，包含三级权重。计算步骤是以距离指数法为基础，由下往上逐层加权获得的：

（1）二级分项指标得分。二级分项指标得分 = 无量纲化后值 × 其占所属分项指标的权重 × 100。

（2）分项指标得分。其对应的二级分项指标得分之和与分项指标占其所属方面指数的组内权重的乘积。没有二级分项指标的分项指标，其得分公式为：分项指标得分 = 无量纲化后值 × 组内权重 × 100。

（3）方面指数得分。其对应分项指标得分之和乘以其占总指数的权重。

（4）总指数得分。三个方面指数的得分之和。

五 数据来源

本报告使用的数据来源于两方面，一方面是网商银行在开展县域数字普惠金融业务过程中所积累的大量数据，另一方面是中国县域经济统计年鉴和各县市国民经济与社会发展统计公报中的外部数据。需要说明的是，选择网商银行的农村数字普惠金融数据作为县域数字普惠金融发展指数计算的数据来源，主要基于以下几点原因：（1）网商银行深耕农村数字金融业务多年，相较于其他金融机构，网商银行在县域数字普惠金融领域居于领先地位，特别是在服务类型、地域覆盖广度、数字技术方面具有绝对的优势。（2）网商银行是大型金融科技公司中唯一设立专门的农村金融业务团队的公司，其对于县域数字普惠金融的数据有着全面、准确的归集。（3）尽管网商银行的数据无法全面反映全国县域数字普惠金融的发展情况，但是其县域数字普惠金融业务的发展与全国县域数字普惠金融的发展趋势是一致的，因此数据在一定程度上具有代表性和连续性，可以用来衡量全国各县域数字普惠金融的发展水平。因此，从数据的可得性、可用性、代表性和连续性看，可以选取网商银行的数据对县域数字普惠金融发展状况进行评估。

在样本选取方面，考虑到市辖区经济发展水平和城镇化水平普遍相对较高，很多市辖区已经作为城区管理，并且部分市辖区的人口和GDP统计数字存在缺失问题，本报告仅集中分析全国2851个县级行政区域中1884个县、县级市和旗的县域数字普惠发展指标数据，计算这些县、县级市和旗的各级指标得分，以此对县域数字普惠金融发展水平进行排名。具体来看，样本中包括1464个县，368个县级市，52个旗。由于北京、上海、天津已经没有县、县级市和旗，全部样本分布于这3个直辖市之外的28个省（自治区、直辖市）。

第五章 中国县域数字普惠金融发展指数的得分与排名

本章聚焦于分析中国县域数字普惠金融发展指数体系的各级指标得分及排名情况。具体而言，首先分析总体得分结果，包括全国各县（市）的总指数、方面指数和分项指标得分，总指数与方面指数百强县得分与排名，然后进行东中西部和东北地区比较分析，分省比较分析，以及百强县分析。值得注意的是，网商银行为了推进县域数字普惠金融的发展，推动与各县级政府的合作，归集和利用合作县的可资利用的部分政务民生数据（数据所有权不变，不留存数据），以增强对客户的精准画像、信用评估和额定数字金融服务量值。在全国1884个县、县级市、旗样本中，全国签约合作县（县级市、旗）个数为338个（2018年签约47个，2019年签约291个），占全部样本总数的17.9%。

一 总体得分结果的分析

我们首先来观察2017—2019年3年的全国县域数字普惠金融指数体系各级指标得分的总体情况。为减少极值的影响，这里采用指标得分的中位数而非平均数作为分析单位。

（一）总指数和方面指数的总体得分情况

从图5-1可以看出，2017—2019年全国县域数字普惠金融发展总指数得分的中位数呈现快速上升的趋势，从2017年的43.37分增长至2019年的79.59分，总指数最高分从2017年的89.52分增长至2019年的177.74分，总指数最低分从2017年的7.51分增长至2019年的34.25分。

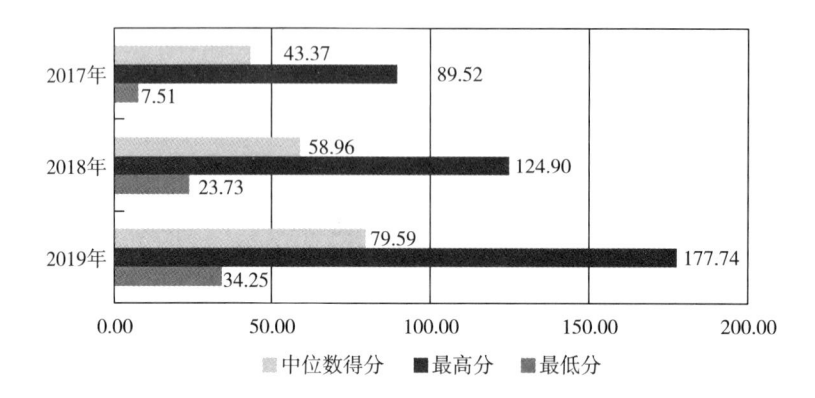

图 5-1　2017—2019 年县域数字普惠金融总指数得分情况

图 5-2—图 5-4 展示了县域数字普惠金融发展指数体系的三个方面指数，即县域数字普惠金融服务广度、服务深度和服务质量得分的发展趋势。可以看出，三个方面指数的中位数得分总体上均在快速上升，但变化趋势各不相同。

从图 5-2 可以看出，2017—2019 年全国县域数字普惠金融发展指数服务广度方面指数的中位数得分呈现快速上升的趋势，提升速度最快。服务广度方面指数平均得分从 2017 年的 38.04 分增长至 2019 年的 102.66 分，最高分从 2017 年的 99 分增长至 2019 年的 266.13 分，最低分从 2017 年的 0 分增长至 2019 年的 40.49 分。

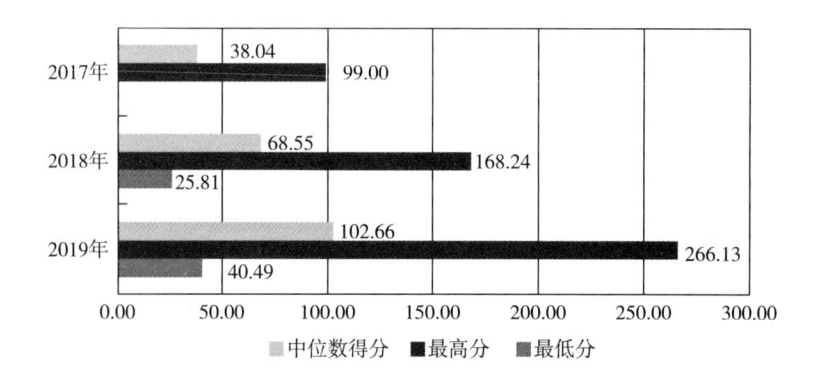

图 5-2　2017—2019 年县域数字普惠金融发展指数服务广度方面指数得分情况

从图 5-3 可以看出，2017—2019 年全国县域数字普惠金融发展指数服务深度方面指数中位数得分同样呈现快速上升的趋势，但提升速度略低于服务广度方面指数。服务深度方面指数中位数得分从 2017 年的 37.46 分增长至 2019 年的 63.79 分，最高分从 2017 年的 82.45 分增长至 2019 年的 153.8 分，最低分从 2017 年的 0 分增长至 2019 年的 23.62 分。

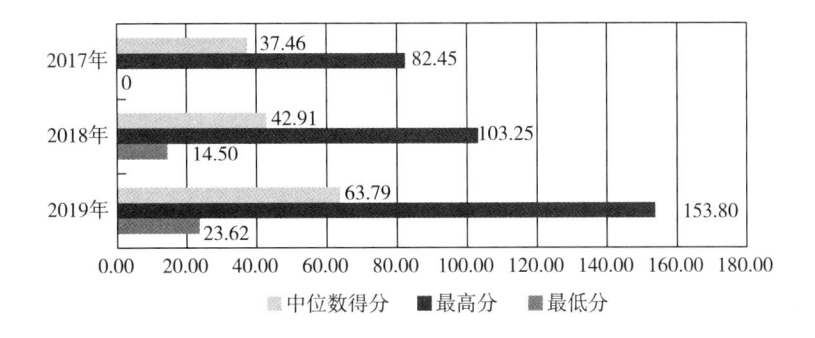

图 5-3　2017—2019 年县域数字普惠金融发展指数服务深度方面指数得分情况

从图 5-4 可以看出，2017—2019 年全国县域数字普惠金融发展指数服务质量方面指数中位数得分同样呈现上升的趋势，但提升速度相对较慢。服务质量方面指数中位数得分从 2017 年的 57.18 分增长至 2019 年的 67.30 分，最高分从 2017 年的 97.09 分增长至 2019 年的 114.98 分，最低分从 2017 年的 24.44 分增长至 2019 年的 29.66 分。

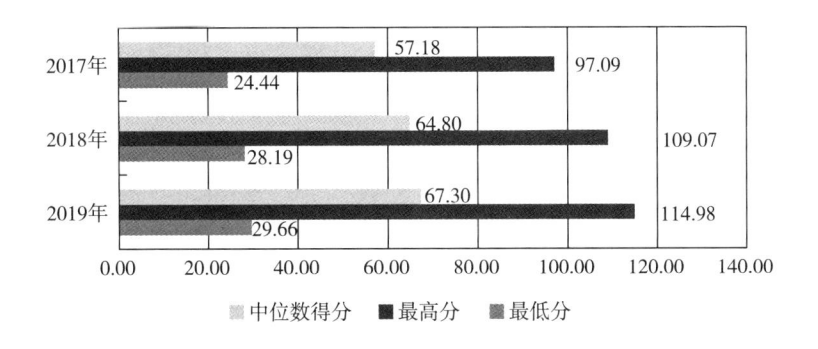

图 5-4　2017—2019 年县域数字普惠金融发展指数服务质量方面指数得分情况

值得注意的是，根据 2017—2019 年三个方面指数得分的最低分变化情况可以发现，县域数字普惠金融服务广度和服务深度方面指数的最低分均从 0 分分别增长至 40.49 分、23.62 分，因此可以看出，即便在数字普惠金融服务广度和服务深度最初得分表现最差的县域，近年来数字普惠金融发展也使其县域数字金融服务的可得性和覆盖深度有了很大的提升。

（二）方面指数服务广度及其分项指标的得分情况

由图 5－5 可以看出，2017—2019 年，数字金融服务广度方面指数的中位数得分服务广度是逐年上升的，2019 年中位数得分（102.66 分）较 2017 年（38.04 分）增长了 169.87%，其原因主要是分项指标数字授信服务广度和数字贷款服务广度得分明显上升。其中，数字授信服务广度分项指标的中位数得分从 2017 年的 22.30 分增长至 2019 年的 85.77 分，增长 284.62%；数字贷款服务广度分项指标的中位数得分从 2017 年的 17.53 分增长至 2019 年的 105.10 分，增长 499.54%。这两个分项指标的得分提升意味着县域数字普惠金融服务覆盖广度方面确实取得了长足发展，农村地区获得数字贷款的人数在增加。

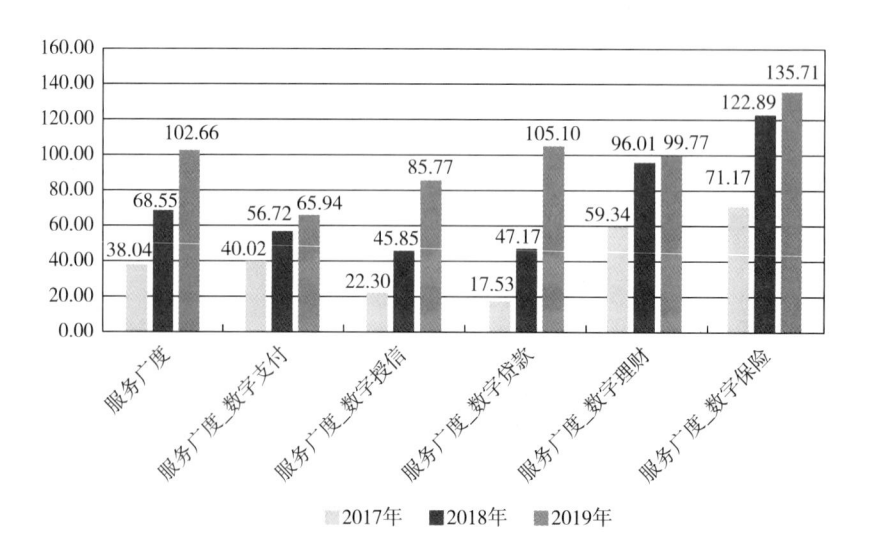

图 5－5 2017—2019 年全国县域数字普惠金融发展指数服务广度方面指数及其分项指标中位数得分比较

(三) 方面指数服务深度及其分项指标的得分情况

由图 5-6 可以看出，2017—2019 年县域数字普惠金融服务深度方面指数的平均得分（中位数）是逐年上升的，2019 年中位数得分（63.79 分）较 2017 年（37.46 分）增长 70.29%，说明近三年县域数字普惠金融的服务深度有了较大的提升，但提升幅度落后于县域数字普惠金融服务广度的中位数得分。

此外，分项指标"数字授信服务深度""数字贷款服务深度"和"数字支付服务深度"的中位数得分近三年均呈现上升趋势。其中分项指标"数字贷款服务深度"的中位数得分提升最为明显，从 2017 年的 23.01 分提升到 2019 年的 78.14 分，增长 239.59%。

相比之下，2017—2018 年分项指标"数字理财服务深度"和"数字保险服务深度"的中位数得分均出现小幅下降，分别从 2017 年的 64.47 分、51.53 分下降至 2018 年的 44.35 分、41.71 分，说明这些方面补足和改进的空间较大。

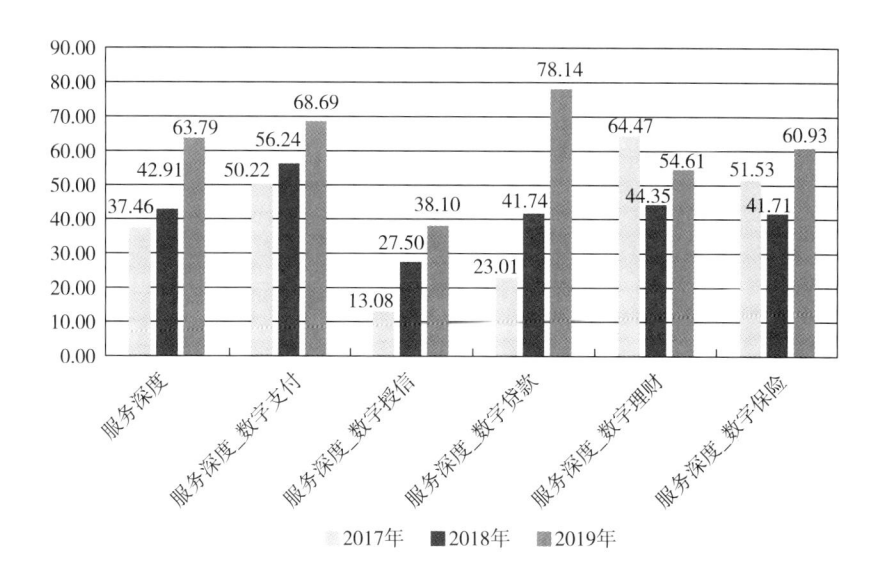

图 5-6 2017—2019 年全国县域数字普惠金融发展指数服务深度方面指数及其分项指标中位数得分比较

(四）方面指数服务质量及其分项指标的得分情况

由图 5-7 可以看出，2017—2019 年县域数字普惠金融服务质量方面指数的中位数得分是逐年上升的，但上升幅度不大，2019 年该方面指数的中位数得分（67.30 分）较 2017 年（57.18 分）增长 17.70%。其中分项指标便捷度的中位数得分增长速度较快，从 2017 年的 56.25 分提升至 2019 年的 104.7 分，增长 86.13%。

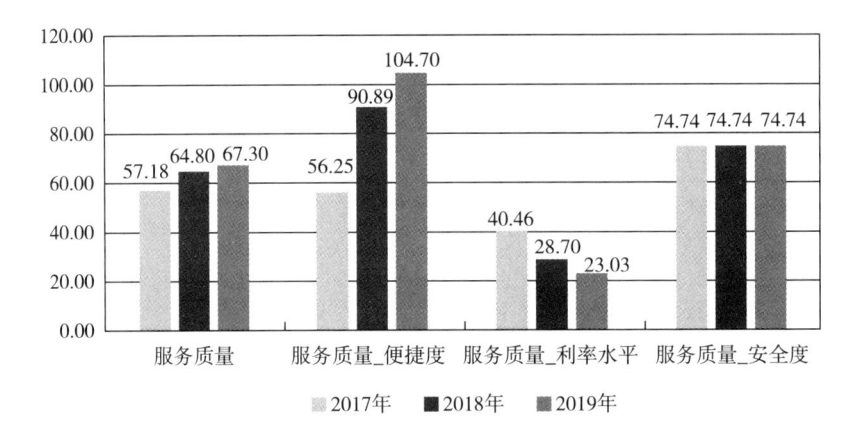

图 5-7 2017—2019 年全国县域数字普惠金融发展指数服务质量方面指数及其分项指标中位数得分比较

需要关注的是，县域数字普惠金融服务质量方面指数中位数得分这三年的增速明显落后于服务广度和服务深度方面指数。根据图 5-7，主要与在这一期间分项指标利率水平得分较低而且持续下降有关。这里需要说明的是，近年来在国家政策的引导下，小微企业和农户的融资成本是逐年下降的。这实际上也体现在网商银行的数字贷款定价：对于同一个客户，其各类数字贷款的利率总体上也在下降。但在本指数计算中，利率水平不升反降，主要是由于两方面导致：一是需要考虑数据可得性问题。本报告所使用的网商银行利率数据，是不同期限和不同类别小微经营数字信贷产品综合在一起的综合利率。这个综合利率首先受到小微经营数字信贷产品期限结构的较大影响。由于中长期小微经营数字信贷产品的风险溢价较高，其利率也相对较高。随着中长期小微经营数字信贷发放量的增加，数字信贷服务的综合利率水平也被拉高。二是随着县域数字普惠金融的服务广度和服务深度的提升，数字普惠金融服务的包容性进一步增强，原先那些因自身信用水平较低、缺乏抵质押物、被传统金融机构排斥的群体被纳入数字普惠金融的服务范围。这部分群体的风险溢价较高，因此利率水平相对较高，也拉高了整体县域小微经营数字信贷的利率水平。

二　区域比较

通过分区域分析县域总指数得分间的差异，能够较好地发现不同区域间数字普惠金融发展趋势变化以及差距短板。这里我们采纳国家统计局对于全国四大经济区域的划分。这四大经济区域为东部地区、中部地区、西部地区以及东北地区。其中东部地区包括河北、北京、天津、山东、江苏、上海、浙江、福建、广东、海南、台湾、香港、澳门；中部地区包括山西、河南、安徽、湖北、江西、湖南；西部地区包括重庆、四川、陕西、云南、贵州、广西、甘肃、青海、宁夏、西藏、新疆、内蒙古；东北地区包括黑龙江、吉林和辽宁。考虑到北京、上海、天津等直辖市已完全没有县（县级市、旗），因此在对东部地区统计时，剔除了北京、上海和天津。

（一）各区域间总指数得分比较

分区域来看，东部和中部地区的县域数字普惠金融发展总指数中位数得分明显高于西部和东北地区。按2019年总指数中位数得分计算，东部地区排名第一（108.78分），中部地区第二（98.78分），西部地区第三（68.77分），东北地区第四（65.96分）。东部、中部总指数中位数得分高于全国中位数得分（85.57分），西部和东北中位数得分则低于全国中位数得分（见图5-8）。

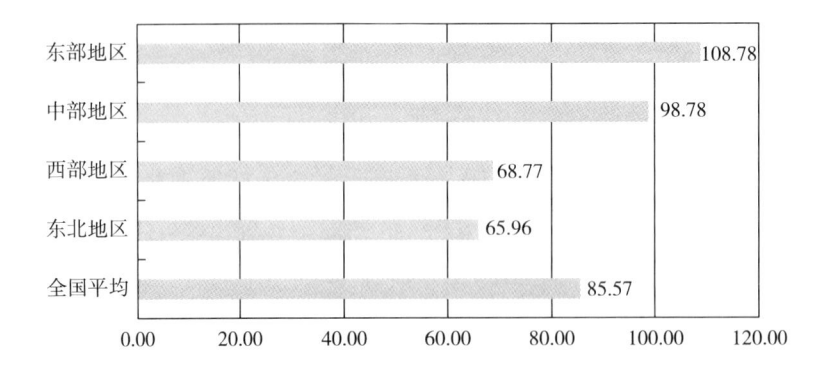

图 5-8 2019 年四大区域县域数字普惠金融发展总指数中位数得分比较

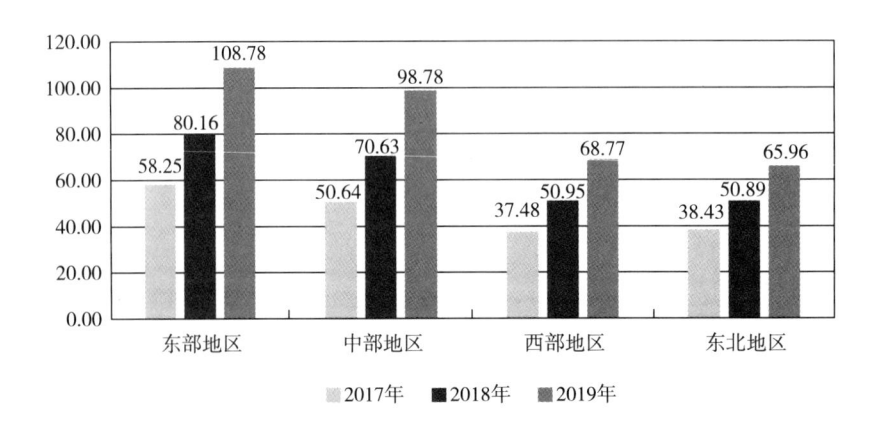

图 5-9 显示了 2017—2019 年四大区域县域数字普惠金融发展总指数中位数得分的情况，可以看到不同区域间的差距。2017 年东部地区县域数字普惠金融发展总指数中位数得分为 58.25 分，分别是中部地区、西部地区、东北地区中位数得分的 1.15 倍、1.55 倍和 1.52 倍；2017 年中部地区县域数字普惠金融发展总指数中位数得分为 50.64 分，分别是西部地区、东北地区中位数得分的 1.35 倍和 1.32 倍；2017 年西部地区县域数字普惠金融发展总指数中位数得分为 37.48 分，是东北地区中位数得分的 0.98 倍。

图 5-9 2017—2019 年四大区域县域数字普惠金融发展总指数中位数得分比较

第五章　中国县域数字普惠金融发展指数的得分与排名 | 51

2019 年，东部地区县域数字普惠金融发展总指数中位数得分为 108.78 分，分别是中部地区、西部地区、东北地区中位数得分的 1.10 倍、1.58 倍和 1.65 倍；2019 年中部地区县域数字普惠金融发展总指数中位数得分为 98.78 分，分别是西部地区、东北地区中位数得分的 1.44 倍和 1.50 倍；2019 年西部地区县域数字普惠金融发展总指数中位数得分为 68.77 分，超过东北地区 2.81 分，是东北地区中位数得分的 1.04 倍。

从表 5-1 可以看出，全国各大区域之间县域数字普惠金融发展差距在不断变化，其中东部与中部之间的中位数得分之比（相差倍数）在逐步收敛，差距不断缩小，但是东部、中部等经济较为活跃发达的地区与经济发展水平较低的西部地区、东北地区的差距正在逐渐拉开。

表 5-1　2017—2019 年不同区域县域数字普惠金融发展指数变化趋势

	2017 年相差倍数	2019 年相差倍数	变化趋势
东部与中部的差距	1.15	1.10	缩小
东部与西部的差距	1.55	1.58	扩大
东部与东北的差距	1.52	1.65	扩大
中部与西部的差距	1.35	1.44	扩大
中部与东北的差距	1.32	1.50	扩大
西部与东北的差距	0.98	1.04	扩大

（二）各区域间方面指数服务广度得分比较

如图 5-10 所示，2017 年，东部地区县域数字普惠金融发展指数服务广度方面指数的中位数得分为 56.81 分，分别是中部地区、西部地区、东北地区的 1.22 倍、1.75 倍和 1.94 倍；2017 年中部地区县域数字普惠金融发展指数服务广度方面指数的中位数得分为 46.52 分，分别是西部地区、东北地区的 1.43 倍和 1.59 倍；2017 年西部地区县域数字普惠金融发展指数服务广度方面指数中位数得分为 32.51 分，是东北地区的 1.11 倍。

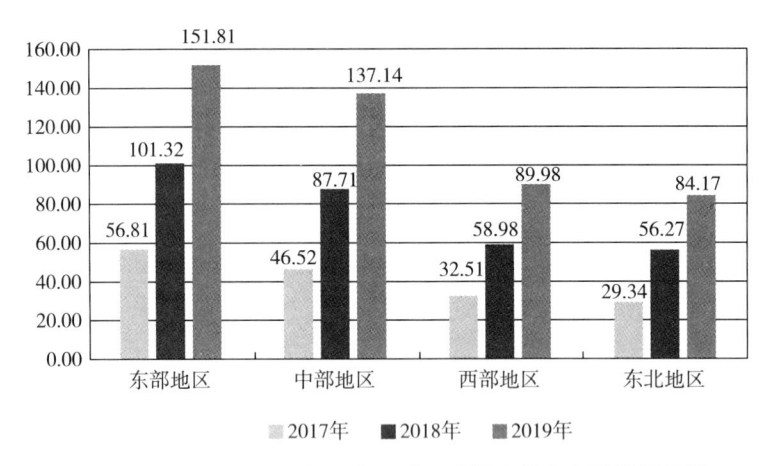

图 5-10　2017—2019 年四大区域县域数字普惠金融发展指数
服务广度方面指数中位数得分比较

2019 年，东部地区县域数字普惠金融发展指数服务广度方面指数的中位数得分为 151.81 分，分别是中部地区、西部地区、东北地区的 1.11 倍、1.69 倍和 1.80 倍；2019 年中部地区县域数字普惠金融发展指数服务广度方面指数中位数得分为 137.14 分，分别是西部地区、东北地区的 1.52 倍和 1.63 倍；2019 年西部地区县域数字普惠金融发展指数服务广度方面指数中位数得分为 89.98 分，是东北地区的 1.07 倍。

可以看出，总体上全国各大区域之间县域数字普惠金融发展指数服务广度方面指数的发展差距明显缩小，原先经济相对落后地区的数字普惠金融服务覆盖率以及可得性水平有了很大程度的改善。

（三）各区域间方面指数服务深度得分比较

如图 5-11 所示，2017 年，东部地区县域数字普惠金融发展指数服务深度方面指数的中位数得分为 49.61 分，分别是中部地区、西部地区、东北地区的 1.12 倍、1.61 倍和 1.46 倍；2017 年中部地区县域数字普惠金融发展指数服务深度方面指数的中位数得分为 44.32 分，分别是西部地区、东北地区的 1.44 倍和 1.30 倍；2017 年东北地区县域数字普惠金融发展指数服务深度方面指数的中位数得分为 34.01 分，是西部地区的 1.10 倍。

第五章 中国县域数字普惠金融发展指数的得分与排名 | 53

图 5-11 2017—2019 年四大区域县域数字普惠金融发展指数
服务深度方面指数的中位数得分比较

2019 年，东部地区县域数字普惠金融发展指数服务深度方面指数的中位数得分为 88.38 分，分别是中部地区、西部地区、东北地区的 1.09 倍、1.62 倍和 1.69 倍；2019 年中部地区县域数字普惠金融发展指数服务深度方面指数的中位数得分为 81.11 分，分别是西部地区、东北地区的 1.49 倍和 1.55 倍；2019 年西部地区县域数字普惠金融发展指数服务深度方面指数的中位数得分为 54.41 分，是东北地区的 1.04 倍。

可以看出，总体上全国各区域之间县域数字普惠金融发展指数服务深度方面指数的发展差距基本保持稳定，但近年来服务深度水平提升较快的中部地区与西部地区、东北地区的差距逐渐拉大。

（四）各区域间方面指数服务质量得分比较

如图 5-12 所示，2017 年，东部地区县域数字普惠金融发展指数服务质量方面指数的中位数得分为 70.02 分，分别是中部地区、西部地区、东北地区的 1.11 倍、1.37 倍和 1.29 倍；2017 年中部地区方面指数服务质量的中位数得分为 62.84 分，分别是西部地区、东北地区的 1.23 倍和 1.16 倍；2017 年东北地区方面指数服务质量的中位数得分为 54.20 分，是西部地区方面指数的 1.06 倍。

[图表：2017—2019年四大区域县域数字普惠金融发展指数服务质量方面指数的中位数得分]

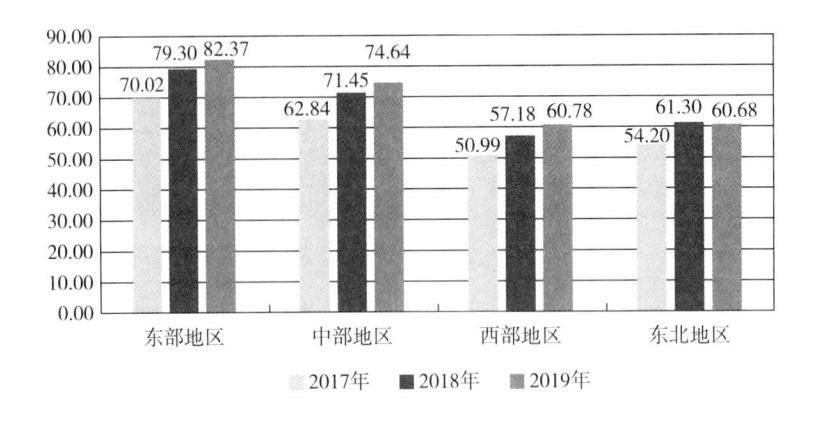

- 东部地区：2017年 70.02，2018年 79.30，2019年 82.37
- 中部地区：2017年 62.84，2018年 71.45，2019年 74.64
- 西部地区：2017年 50.99，2018年 57.18，2019年 60.78
- 东北地区：2017年 54.20，2018年 61.30，2019年 60.68

图 5-12　2017—2019 年四大区域县域数字普惠金融发展指数服务质量方面指数的中位数得分比较

2019 年，东部地区县域数字普惠金融发展指数服务质量方面指数的中位数得分为 82.37 分，分别是中部地区、西部地区、东北地区方面指数县域数字普惠金融发展服务质量得分的 1.10 倍、1.36 倍和 1.36 倍；2019 年中部地区方面指数服务质量的中位数得分为 74.64 分，分别是西部地区、东北地区方面指数服务质量中位数得分的 1.23 倍和 1.23 倍；2019 年西部地区方面指数服务质量的中位数得分为 60.78 分，与东北地区的差距基本缩小至零。

因此可以看出，总体上全国各区域之间县域数字普惠金融发展指数服务质量方面指数发展水平的差距基本保持稳定，其中只有西部地区与其他区域的方面指数服务质量发展水平的差距略微缩小。此外，还可看出，相较于其他两个方面指数（服务广度和服务深度），这三年不同区域方面指数服务质量的发展速度相对较慢。

（五）四大区域间 2019 年分项指标得分比较

为了更好地展示四大区域县域数字普惠金融的具体发展，我们对 2019 年县域数字普惠金融发展指数的各分项指标作一分析。从图 5-13 可以看出，总体上东中部地区的大部分分项指标中位数得分均领先于西部和东北地区，其中数字授信服务广度、数字贷款服务广度、数字贷款服务深度和数字普惠金融服务质量便捷度四个分项指标的中位数得分差距较大，可以说是导致东中部地区与西部、东北地区县域数字普惠金融发展总体水平存在较大差异的主要因素。其中，东部地区数字贷款服务广度中位数得分为 186.43 分，分别是西部和东北地区的 2.21 倍和 2.64 倍；数字授信服务广度中位数得分为 190.46 分，分别是西部和东北地区的 2.41 倍和 1.92 倍；数字贷款服务深度中位数得分为 124.38 分，分别是西部和东北地区的 2.13 倍和 2.05 倍；数字普惠金融服务便捷度中位数得分为 133.07 分，分别是西部和东北地区的 1.44 倍和 1.42 倍。

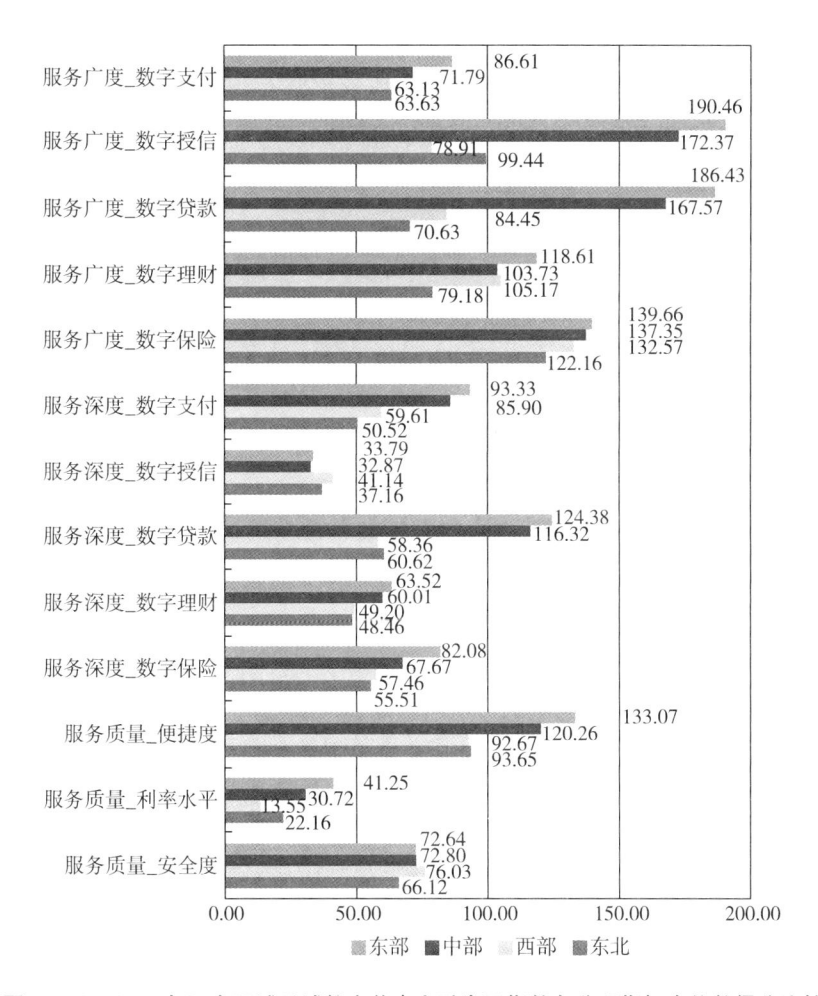

图 5-13 2019 年四大区域县域数字普惠金融发展指数各分项指标中位数得分比较

此外还有两点值得关注。首先，在分项指标中，数字普惠金融服务安全度在四大区域之间的差距并不明显，其原因主要是中国在发展数字普惠金融过程中，一直注重数字普惠金融的安全性问题。网商银行给全部客户提供了账户安全险，保障用户的资金安全，因此该分项指标得分不存在区域间的差异。其次，在分项指标中，西部和东北地区的数字授信服务深度甚至高于东部和中部地区。其原因是近年来随着数字技术的快速发展，县域数字普惠金融服务深度不断提高，原先那些经济基础相对落后、数字金融基础设施不完善、金融生态环境发展水平不高的地区大幅提升了数字普惠金融的发展水平，大量此前从未获得数字贷款授信的群体获得授信，进而使该地区数字授信服务深度大幅提升。

三 分省比较

在对东中西部地区和东北地区的县域数字普惠金融发展总指数和方面指数得分情况进行分析之后，接下来作分省比较。考虑到北京、上海、天津已经没有县（县级市/旗），因此本报告不包括这三大直辖市，仅比较全国28个省份的县域数字普惠金融发展情况。

（一）各省县域数字普惠金融总指数和方面指数得分情况比较

图5-14展示了2017—2019年全国28个省份县域数字普惠金融发展总指数中位数得分情况。全国28个省份在这3年的县域数字普惠金融发展总指数平均得分均有所提高，说明全国范围内县域数字普惠金融发展水平总体上明显提高。其中，西藏、陕西、河南、山西、宁夏2019年县域数字普惠金融发展总指数中位数得分较2017年分别增长240%、127%、120%、111%、105%，增幅均超过一倍，属于增幅最大的五个省份。而海南、四川、辽宁、云南、青海2019年县域数字普惠金融总指数中位数得分增速虽然也很大，但是属于增幅最小的五个省份，增幅分别为58%、51%、46%、42%、40%。

第五章 中国县域数字普惠金融发展指数的得分与排名

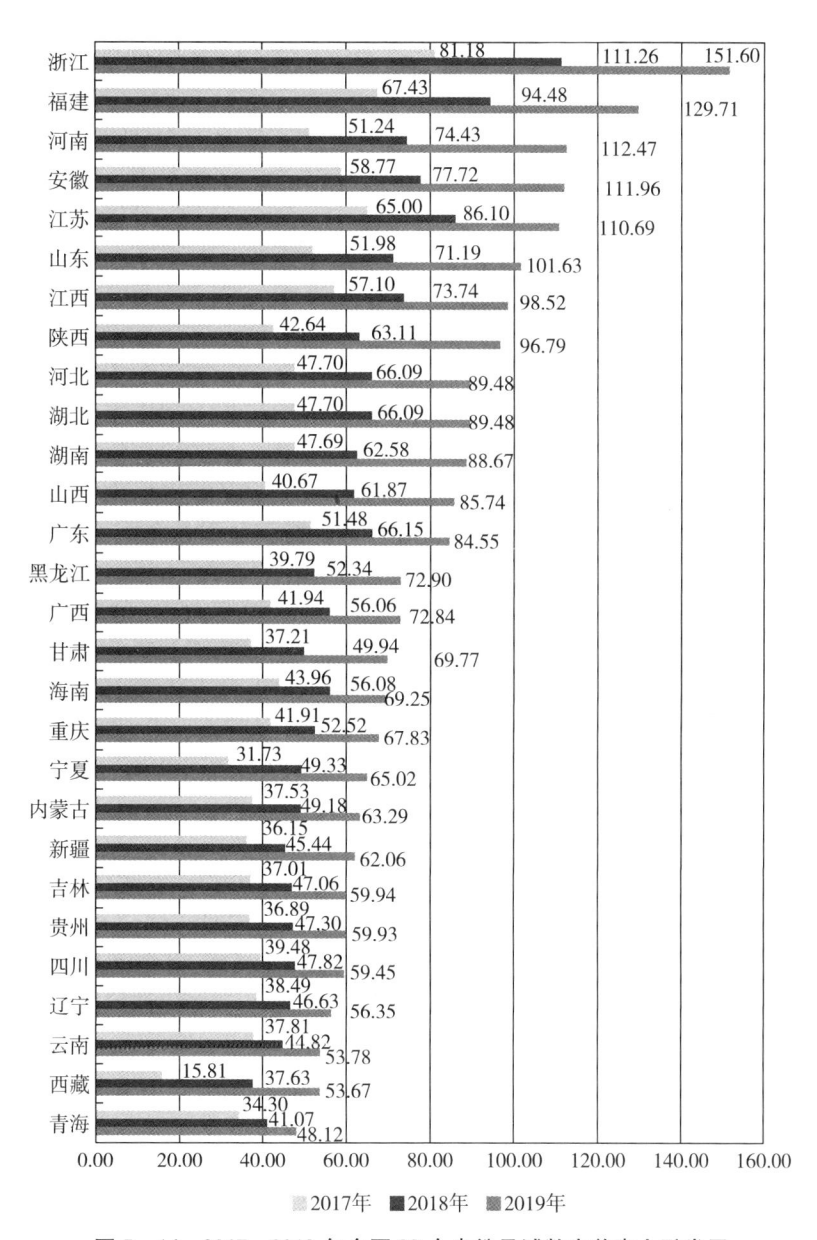

省份	2017年	2018年	2019年
浙江	81.18	111.26	151.60
福建	67.43	94.48	129.71
河南	51.24	74.43	112.47
安徽	58.77	77.72	111.96
江苏	65.00	86.10	110.69
山东	51.98	71.19	101.63
江西	57.10	73.74	98.52
陕西	42.64	63.11	96.79
河北	47.70	66.09	89.48
湖北	47.70	66.09	89.48
湖南	47.69	62.58	88.67
山西	40.67	61.87	85.74
广东	51.48	66.15	84.55
黑龙江	39.79	52.34	72.90
广西	41.94	56.06	72.84
甘肃	37.21	49.94	69.77
海南	43.96	56.08	69.25
重庆	41.91	52.52	67.83
宁夏	31.73	49.33	65.02
内蒙古	37.53	49.18	63.29
新疆	36.15	45.44	62.06
吉林	37.01	47.06	59.94
贵州	36.89	47.30	59.93
四川	39.48	47.82	59.45
辽宁	38.49	46.63	56.35
云南	37.81	44.82	53.78
西藏	15.81	37.63	53.67
青海	34.30	41.07	48.12

图 5-14 2017—2019 年全国 28 个省份县域数字普惠金融发展总指数中位数得分情况

从图 5-14 可以清晰地看到，根据 2019 年总指数平均得分，可以将全国 28 个省份县域数字普惠金融发展水平划分为 6 个梯度，对应的省份可以划分成6个梯队。其中浙江省和福建省的中位数得分最高,属于第一梯队。但是两者之间的得分存在不小的差距。其中浙江省的中位数得分为151.60分,福建省129.71分,相差21.89分。河南、安徽、江苏位列第二梯队,中位数得分均在110分左右。山东、江西、陕西位列第三梯队,中位数得分在96—102分。河北、湖北、湖南、山西、广东位列第四梯队,中位数得分在84—90分;黑龙江、广西、甘肃、海南、重庆、宁夏、内蒙古、新疆、吉林、贵州、四川位列第五梯队,中位数得分在59—73分;辽宁、云南、西藏、青海位列第六梯队,中位数得分在48—57分。

图5-15至图5-17直观地描述了全国28个省份2017—2019年县域数字普惠金融发展指数三个方面指数的中位数得分及变化情况。

图5-15展示了2017—2019年全国28个省份县域数字普惠金融发展指数服务广度方面指数中位数得分情况。全国28个省份在这3年的县域数字普惠金融发展指数服务广度方面指数中位数得分均有所提高,说明全国范围内县域数字普惠金融发展在服务广度方面总体上明显提高。其中,西藏、陕西、黑龙江、河南、山东2019年县域数字普惠金融发展指数服务广度方面指数中位数得分较2017年增长幅度均超过230%,属于增幅最大的五个省份。而重庆、四川、青海、云南、海南2019年县域数字普惠金融发展指数服务广度方面指数中位数得分增速虽然也很大,但是属于增幅最小的五个省份,增幅分别为127%、120%、107%、105%、102%。

根据2019年县域数字普惠金融发展指数服务广度方面指数的平均得分情况,可以将全部28个省份县域数字普惠金融服务广度发展水平划分为五大梯度。可以看出,浙江和福建在县域数字普惠金融服务广度方面,明显领先于全国其他省份,其服务广度方面指数中位数得分分别为218.98分和198.40分,位于第一梯队。河南、陕西、山东、江苏、安徽服务广度方面指数中位数得分则位列第二梯队,得分在147—160分。江西、湖南、河北、湖北、广东和山西服务广度方面指数中位数得分则位列第三梯队,中位数得分在110—130分。黑龙江、广西、甘肃、重庆、海南、宁夏、贵州位列第三梯队,中位数得分在 80—103 分。内蒙古、新疆、四川、吉林、云南、辽宁、青海和西藏位列第五梯队，中位数得分在 51—76 分。

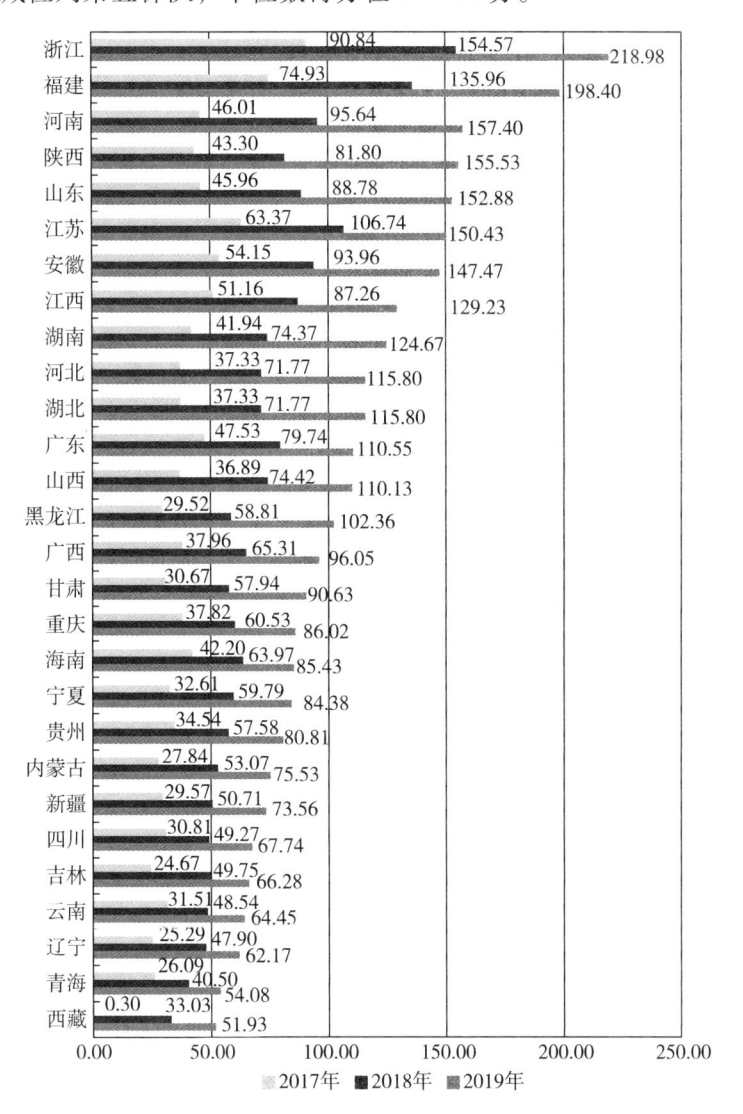

省份	2017年	2018年	2019年
浙江	90.84	154.57	218.98
福建	74.93	135.96	198.40
河南	46.01	95.64	157.40
陕西	43.30	81.80	155.53
山东	45.96	88.78	152.88
江苏	63.37	106.74	150.43
安徽	54.15	93.96	147.47
江西	51.16	87.26	129.23
湖南	41.94	74.37	124.67
河北	37.33	71.77	115.80
湖北	37.33	71.77	115.80
广东	47.53	79.74	110.55
山西	36.89	74.42	110.13
黑龙江	29.52	58.81	102.36
广西	37.96	65.31	96.05
甘肃	30.67	57.94	90.63
重庆	37.82	60.53	86.02
海南	42.20	63.97	85.43
宁夏	32.61	59.79	84.38
贵州	34.54	57.58	80.81
内蒙古	27.84	53.07	75.53
新疆	29.57	50.71	73.56
四川	30.81	49.27	67.74
吉林	24.67	49.75	66.28
云南	31.51	48.54	64.45
辽宁	25.29	47.90	62.17
青海	26.09	40.50	54.08
西藏	0.30	33.03	51.93

图 5-15 2017—2019 年全国 28 个省份县域普惠金融发展指数服务广度方面指数的中位数得分情况

图 5-16 展示了 2017—2019 年全国 28 个省份县域数字普惠金融发展指数服务深度方面指数中位数得分情况。全国 28 个省份这 3 年的县域数字普惠金融发展指数服务深度方面指数中位数得分均有所提

高，说明全国范围内县域数字普惠金融发展在服务深度方面明显提高。其中，西藏、山西、河南2019年县域数字普惠金融发展指数服务深度方面指数中位数得分较2017年增长幅度均超过100%，属于增幅最大的三个省份。而贵州、辽宁、云南2019年县域数字普惠金融发展指数服务深度方面指数中位数得分增速虽然也很快，但是属于增幅最小的三个省份，增幅分别为38%、33%和27%。

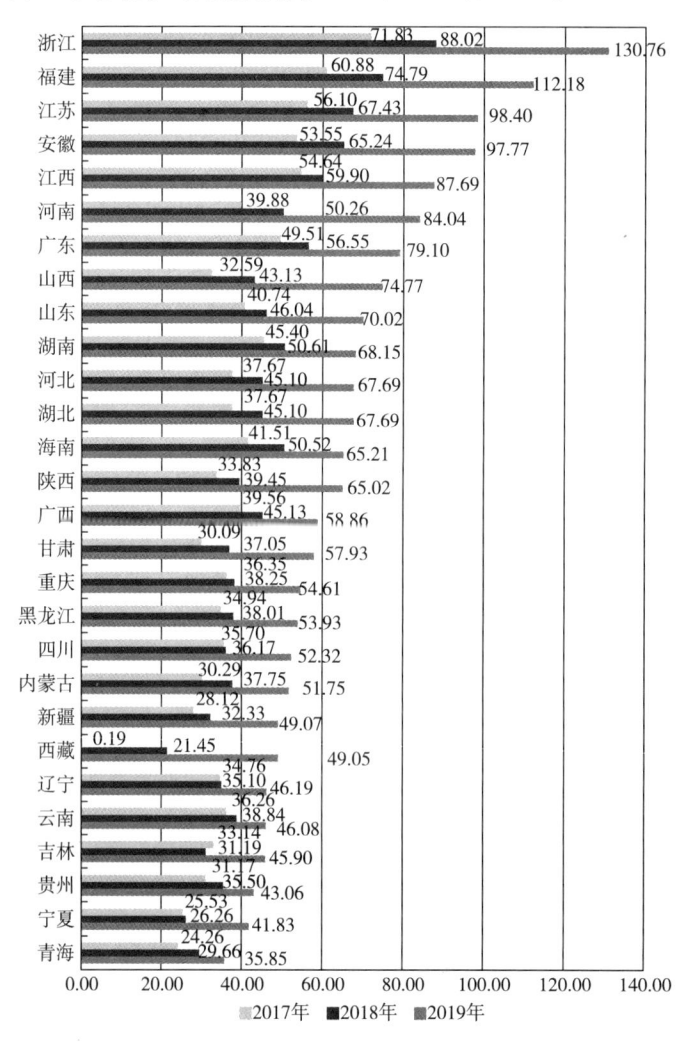

省份	2017年	2018年	2019年
浙江	71.83	88.02	130.76
福建	60.88	74.79	112.18
江苏	56.10	67.43	98.40
安徽	53.55	65.24	97.77
江西	54.64	59.90	87.69
河南	39.88	50.26	84.04
广东	49.51	56.55	79.10
山西	32.59	43.13	74.77
山东	40.74	46.04	70.02
湖南	45.40	50.61	68.15
河北	37.67	45.10	67.69
湖北	37.67	45.10	67.69
海南	41.51	50.52	65.21
陕西	33.83	39.45	65.02
广西	39.56	45.13	58.86
甘肃	30.09	37.05	57.93
重庆	36.35	38.25	54.61
黑龙江	34.94	38.01	53.93
四川	35.70	36.17	52.32
内蒙古	30.29	37.75	51.75
新疆	28.12	32.33	49.07
西藏	0.19	21.45	49.05
辽宁	34.76	35.10	46.19
云南	36.26	38.84	46.08
吉林	33.14	31.19	45.90
贵州	31.17	35.50	43.06
宁夏	25.53	26.26	41.83
青海	24.26	29.66	35.85

图 5-16 2017—2019 年全国 28 个省份县域普惠金融发展指数服务深度方面指数的中位数得分情况

根据2019年县域数字普惠金融发展指数服务深度方面指数中位数得分情况，可以将全部28个省份县域数字普惠金融服务深度发展水平划分为五大梯度。其中浙江和福建在县域数字普惠金融服务深度方面指数中位数得分依然位于第一梯队，分别为130.76分和112.18分，得分均大于100分。江苏、安徽、江西、河南、广东服务深度方面指数中位数得分位于第二梯队，得分在79—100分。山西、山东、湖南、河北、湖北、海南、陕西服务深度方面指数中位数得分位于第三梯队，得分在65—75分；广西、甘肃、重庆、黑龙江、四川、内蒙古、新疆、西藏服务深度方面指数中位数得分位于第四梯队，得分在49—60分；辽宁、云南、吉林、贵州、宁夏、青海服务深度方面指数中位数得分位于第五梯队，得分在47分以下。

图5-17展示了2017—2019年全国28个省份县域数字普惠金融发展指数服务质量方面指数中位数得分情况。全国28个省份这3年的县域数字普惠金融发展指数服务质量方面指数中位数得分均有所提高，说明全国范围内县域数字普惠金融服务质量有所进步。其中，山西、陕西、福建、河南、贵州2019年县域数字普惠金融发展指数服务质量方面指数中位数得分较2017年分别增长35%、29%、27%、26%和24%，属于增幅最大的五个省份。而江西、湖南、黑龙江、青海、辽宁2019年县域数字普惠金融发展指数服务质量方面指数中位数得分虽有所增长，但是属于增幅最小的五个省份，增速全部在10%以内。

根据2019年县域数字普惠金融发展指数服务质量方面指数中位数得分情况，可以将全国28个省份县域数字普惠金融服务质量发展水平划分为四个梯队。其中浙江在县域数字普惠金融服务质量方面得分依然位于第一梯队，得分为95.4分，大于95分。江苏、河南、河北、湖北、福建、山东、安徽服务质量方面指数中位数得分位于第二梯队，得分普遍在78—88分。山西、江西、广东、内蒙古、陕西、湖南、宁夏服务质量方面指数中位数得分位于第三梯队，得分普遍在64—73分。新疆、四川、辽宁、甘肃、重庆、吉林、广西、黑龙江、西藏、贵州、青海、海南、云南服务质量方面指数中位数得分位于第四梯队，得分普遍在 52—62 分。总体来看，县域数字普惠金融服务质量方面指数各梯队间的差距较小，第四梯队地区相较于第一梯队地

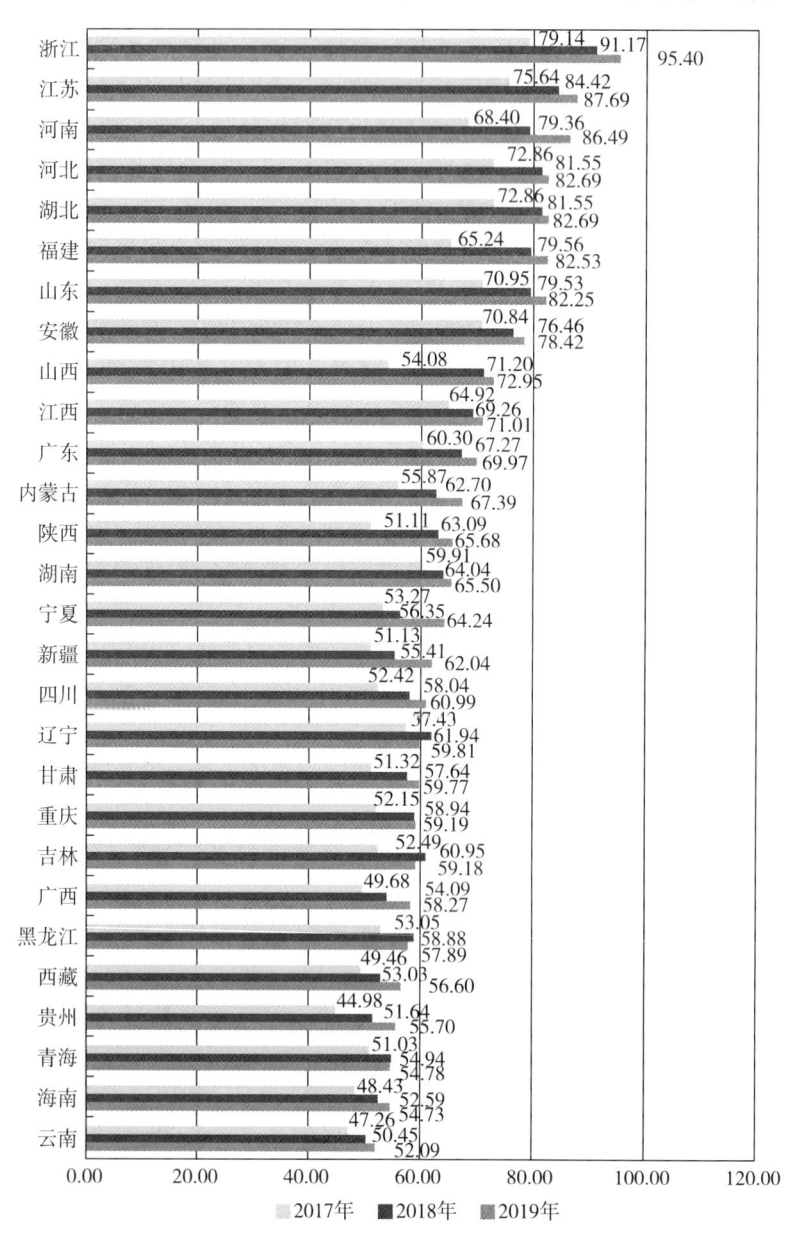

省份	2017年	2018年	2019年
浙江	79.14	91.17	95.40
江苏	75.64	84.42	87.69
河南	68.40	79.36	86.49
河北	72.86	81.55	82.69
湖北	72.86	81.55	82.69
福建	65.24	79.56	82.53
山东	70.95	79.53	82.25
安徽	70.84	76.46	78.42
山西	54.08	71.20	72.95
江西	64.92	69.26	71.01
广东	60.30	67.27	69.97
内蒙古	55.87	62.70	67.39
陕西	51.11	63.09	65.68
湖南	59.91	64.04	65.50
宁夏	53.27	56.35	64.24
新疆	51.13	55.41	62.04
四川	52.42	58.04	60.99
辽宁	57.43	61.94	59.81
甘肃	51.32	57.64	59.77
重庆	52.15	58.94	59.19
吉林	52.49	60.95	59.18
广西	49.68	54.09	58.27
黑龙江	53.05	58.88	57.89
西藏	49.46	53.03	56.60
贵州	44.98	51.64	55.70
青海	51.03	54.94	54.78
海南	48.43	52.59	54.73
云南	47.26	50.45	52.09

图 5-17 2017—2019 年全国 28 个省份县域普惠金融发展指数服务质量方面指数的中位数得分情况

区得分仅落后 43 分，因此全国 28 个省份县域数字普惠金融服务质量发展差异度相较于发展广度和发展深度发展差异度较小。

（二）全国 28 个省份县域数字普惠金融发展总指数与方面指数得分排名及变化情况

根据表 5-2，浙江和福建连续三年县域数字普惠金融发展总指数中位数得分名列第一、第二位，这也与现实中县域数字普惠金融的实际发展情况相符。浙江、福建作为沿海发达地区，经济发展活跃，数字经济发展布局早，数字金融基础设施完善。西藏、青海、云南作为西部偏远地区，其数字金融基础设施相对落后，2017—2019 年三年中一直排名末尾，但中位数得分均有所上升。

表 5-2 2017—2019 年全国 28 个省份县域数字普惠金融发展总指数
中位数得分、排名及排名变化情况

省份	2017年总指数中位数得分	2017年排名	2018年总指数中位数得分	2018年排名	2019年总指数中位数得分	2019年排名	排名上升
浙江	81.18	1	111.26	1	151.60	1	0
福建	67.43	2	94.48	2	129.71	2	0
河南	51.24	8	74.43	5	112.47	3	5
安徽	58.77	4	77.72	4	111.96	4	0
江苏	65.00	3	86.10	3	110.69	5	-2
山东	51.98	6	71.19	7	101.63	6	0
江西	57.10	5	73.74	6	98.52	7	-2
陕西	42.64	13	63.11	11	96.79	8	5
河北	47.70	10	66.09	10	89.48	9	1
湖北	47.70	9	66.09	9	89.48	10	-1
湖南	47.69	11	62.58	12	88.67	11	0
山西	40.67	16	61.87	13	85.74	12	4
广东	51.48	7	66.15	8	84.55	13	-6
黑龙江	39.79	17	52.34	17	72.90	14	3
广西	41.94	14	56.06	15	72.84	15	-1
甘肃	37.21	22	49.94	18	69.77	16	6

续表

省份	2017年总指数中位数得分	2017年排名	2018年总指数中位数得分	2018年排名	2019年总指数中位数得分	2019年排名	排名上升
海南	43.96	12	56.08	14	69.25	17	-5
重庆	41.91	15	52.52	16	67.83	18	-3
宁夏	31.73	27	49.33	19	65.02	19	8
内蒙古	37.53	21	49.18	20	63.29	20	1
新疆	36.15	25	45.44	25	62.06	21	4
吉林	37.01	23	47.06	23	59.94	22	1
贵州	36.89	24	47.30	22	59.93	23	1
四川	39.48	18	47.82	21	59.45	24	-6
辽宁	38.49	19	46.63	24	56.35	25	-6
云南	37.81	20	44.82	26	53.78	26	-6
西藏	15.81	28	37.63	28	53.67	27	1
青海	34.30	26	41.07	27	48.12	28	-2

在2017—2019年三年中，县域数字普惠金融发展总指数中位数得分排序上升了5位或5位以上的有河南、陕西、甘肃、宁夏。县域数字普惠金融发展总指数中位数得分排序下降了4位或4位以上的有广东、海南、四川、辽宁和云南。

根据表5-3，浙江和福建连续三年县域数字普惠金融发展指数方面指数服务广度中位数得分名列第一、第二位，说明这两省近年来在数字普惠金融服务广度方面保持较高水平。西藏、青海、辽宁在县域数字普惠金融服务广度发展方面相对落后，2017—2019年三年中一直排名靠后，但中位数得分均有所上升。

在2017—2019年三年中，县域数字普惠金融发展指数方面指数服务广度中位数得分排序上升了4位或4位以上的有河南、陕西、河北、湖北、黑龙江、甘肃，其中黑龙江作为东北地区的省份，其2019年县域数字普惠金融发展指数方面指数服务广度中位数得分排名较2017年大幅提升了9位，主要得益于其近年来分项指标数字贷款和数字授信服务广度中位数得分的大幅提升。方面指数服务广度得分排序下降了4位或4位以上的省份有广东、重庆、海南、云南。

表5-3 2017—2019年全国28个省份县域数字普惠金融发展指数方面指数服务广度中位数得分、排名及排名变化情况

省份	2017年方面指数服务广度中位数得分	2017年排名	2018年方面指数服务广度中位数得分	2018年排名	2019年方面指数服务广度中位数得分	2019年排名	排名上升
浙江	90.84	1	154.57	1	218.98	1	0
福建	74.93	2	135.96	2	198.40	2	0
河南	46.01	7	95.64	4	157.40	3	4
陕西	43.30	9	81.80	8	155.53	4	5
山东	45.96	8	88.78	6	152.88	5	3
江苏	63.37	3	106.74	3	150.43	6	-3
安徽	54.15	4	93.96	5	147.47	7	-3
江西	51.16	5	87.26	7	129.23	8	-3
湖南	41.94	11	74.37	11	124.67	9	2
河北	37.33	14	71.77	12	115.80	10	4
湖北	37.33	15	71.77	13	115.80	11	4
广东	47.53	6	79.74	9	110.55	12	-6
山西	36.89	16	74.42	10	110.13	13	3
黑龙江	29.52	23	58.81	18	102.36	14	9
广西	37.96	12	65.31	14	96.05	15	-3
甘肃	30.67	21	57.94	19	90.63	16	5
重庆	37.82	13	60.53	16	86.02	17	-4
海南	42.20	10	63.97	15	85.43	18	-8
宁夏	32.61	18	59.79	17	84.38	19	-1
贵州	34.54	17	57.58	20	80.81	20	-3

续表

省份	2017年方面指数服务广度中位数得分	2017年排名	2018年方面指数服务广度中位数得分	2018年排名	2019年方面指数服务广度中位数得分	2019年排名	排名上升
内蒙古	27.84	24	53.07	21	75.53	21	3
新疆	29.57	22	50.71	22	73.56	22	0
四川	30.81	20	49.27	24	67.74	23	-3
吉林	24.67	27	49.75	23	66.28	24	3
云南	31.51	19	48.54	25	64.45	25	-6
辽宁	25.29	26	47.90	26	62.17	26	0
青海	26.09	25	40.50	27	54.08	27	-2
西藏	0.30	28	33.03	28	51.93	28	0

根据表5-4，浙江、福建和江苏连续三年县域数字普惠金融发展指数方面指数服务深度中位数得分名列第一、第二、第三位。主要是由于浙江、福建、江苏作为中国经济最发达、活跃的地区，一直以来都重视利用数字经济引领当地经济增长，近年来这些地区也重视发展数字金融，发挥数字金融在促进当地经济增长方面的作用。青海、宁夏作为西部偏远地区，对于县域数字普惠金融的利用程度略显不足，2017年和2018年排名接近末尾，2019年居后两位，但中位数得分均有所上升。

在2017—2019年三年中，方面指数服务深度中位数得分排序上升了4位和4位以上的有河南、山西、陕西、甘肃、新疆和西藏，其中山西2019年服务深度中位数得分排名较2017年大幅提升了13位，主要得益于当地分项指标数字贷款和数字授信服务深度中位数得分的大幅提升。方面指数服务深度中位数得分排序下降了4位和4位以上的有海南、广西、云南、辽宁、吉林、贵州。

根据表5-5，浙江和江苏连续三年县域数字普惠金融发展指数方面指数服务质量中位数得分名列第一、第二位，说明其县域数字普惠金融服务质量发展水平最高。海南和云南的方面指数服务质量中位数得分在2017—2019年三年中一直排名靠后，但中位数得分均有所上升。

表 5-4 2017—2019 年全国 28 个省份县域数字普惠金融发展指数
方面指数服务深度中位数得分、排名及排名变化情况

省份	2017年方面指数服务深度中位数得分	2017年排名	2018年方面指数服务深度中位数得分	2018年排名	2019年方面指数服务深度中位数得分	2019年排名	排名上升
浙江	71.83	1	88.02	1	130.76	1	0
福建	60.88	2	74.79	2	112.18	2	0
江苏	56.10	3	67.43	3	98.40	3	0
安徽	53.55	5	65.24	4	97.77	4	1
江西	54.64	4	59.90	5	87.69	5	-1
河南	39.88	10	50.26	9	84.04	6	4
广东	49.51	6	56.55	6	79.10	7	-1
山西	32.59	21	43.13	14	74.77	8	13
山东	40.74	9	46.04	10	70.02	9	0
湖南	45.40	7	50.61	7	68.15	10	-3
河北	37.67	12	45.10	12	67.69	11	1
湖北	37.67	13	45.10	13	67.69	12	1
海南	41.51	8	50.52	8	65.21	13	-5
陕西	33.83	19	39.45	15	65.02	14	5
广西	39.56	11	45.13	11	58.86	15	-4
甘肃	30.09	24	37.05	20	57.93	16	8
重庆	36.35	14	38.25	17	54.61	17	-3
黑龙江	34.94	17	38.01	18	53.93	18	-1
四川	35.70	16	36.17	21	52.32	19	-3
内蒙古	30.29	23	37.75	19	51.75	20	3
新疆	28.12	25	32.33	24	49.07	21	4
西藏	0.19	28	21.45	28	49.05	22	6
辽宁	34.76	18	35.10	23	46.19	23	-5
云南	36.26	15	38.84	16	46.08	24	-9
吉林	33.14	20	31.19	25	45.90	25	-5
贵州	31.17	22	35.50	22	43.06	26	-4
宁夏	25.53	26	26.26	27	41.83	27	-1
青海	24.26	27	29.66	26	35.85	28	-1

表 5-5 2017—2019 年全国 28 个省份县域数字普惠金融发展指数方面指数服务质量中位数得分、排名及排名变化情况

省份	2017 年方面指数服务质量中位数得分	2017 年排名	2018 年方面指数服务质量中位数得分	2018 年排名	2019 年方面指数服务质量中位数得分	2019 年排名	排名上升
浙江	79.14	1	91.17	1	95.40	1	0
江苏	75.64	2	84.42	2	87.69	2	0
河南	68.40	7	79.36	7	86.49	3	0
河北	72.86	3	81.55	3	82.69	4	0
湖北	72.86	4	81.55	4	82.69	5	0
福建	65.24	8	79.56	5	82.53	6	3
山东	70.95	5	79.53	6	82.25	7	-1
安徽	70.84	6	76.46	8	78.42	8	-2
山西	54.08	14	71.20	9	72.95	9	5
江西	64.92	9	69.26	10	71.01	10	-1
广东	60.30	10	67.27	11	69.97	11	-1
内蒙古	55.87	13	62.70	14	67.39	12	-1
陕西	51.11	22	63.09	13	65.68	13	9
湖南	59.91	11	64.04	12	65.50	14	-1
宁夏	53.27	15	56.35	21	64.24	15	-6
新疆	51.13	21	55.41	22	62.04	16	-1
四川	52.42	18	58.04	19	60.99	17	-1
辽宁	57.43	12	61.94	15	59.81	18	-3
甘肃	51.32	20	57.64	20	59.77	19	0
重庆	52.15	19	58.94	17	59.19	20	2
吉林	52.49	17	60.95	16	59.18	21	1
广西	49.68	24	54.09	24	58.27	22	0
黑龙江	53.05	16	58.88	18	57.89	23	-2
西藏	49.46	25	53.03	25	56.60	24	0
贵州	44.98	28	51.64	27	55.70	25	1
青海	51.03	23	54.94	23	54.78	26	0
海南	48.43	26	52.59	26	54.73	27	0
云南	47.26	27	50.45	28	52.09	28	-1

总体来看，全国 28 个省份方面指数服务质量中位数得分排名相较于服务广度和服务深度的排名变化不明显。在 2017—2019 年三年中，县域数字普惠金融发展指数服务质量方面指数中位数得分排序上升了 4 位和 4 位以上的有山西、陕西。排序下降了 4 位和 4 位以上的仅有宁夏。

（三）全国 28 个省份县域数字普惠金融发展指数分项指标得分排名及变化情况

在对全国 28 个省份县域数字普惠金融发展指数方面指数得分排名及变化情况进行分析后，本部分对全国 28 个省份县域数字普惠金融发展指数的分项指标得分排名及变化情况进行进一步分析。

根据表 5-6，浙江连续三年在各省份数字普惠金融发展指数分项指标数字支付服务广度中位数得分排名第一。福建、湖北、海南、吉林近年来的分项指标数字支付服务广度中位数得分提升较快，2019 年排名较 2017 年上升 5 位或以上；广东、广西、重庆、湖南的分项指标数字支付服务广度中位数得分提升幅度也较大，但相对缓慢，排名较 2017 年均下降 7 位。

表 5-6 2017—2019 年全国 28 个省份县域数字普惠金融发展指数分项指标数字支付服务广度中位数得分、排名及排名变化情况

省份	2017 年分项指标数字支付服务广度中位数得分	2017 年排名	2018 年分项指标数字支付服务广度中位数得分	2018 年排名	2019 年分项指标数字支付服务广度中位数得分	2019 年排名	排名上升
浙江	89.65	1	115.23	1	129.72	1	0
福建	65.21	2	82.21	2	94.40	2	5
江苏	58.73	3	75.78	5	86.30	3	0
山西	56.55	4	77.10	4	84.83	4	-2
宁夏	55.48	5	79.81	3	84.04	5	0
河北	50.92	6	70.58	6	78.34	6	-2
湖北	50.92	7	70.58	7	78.34	7	5

续表

省份	2017年分项指标数字支付服务广度中位数得分	2017年排名	2018年分项指标数字支付服务广度中位数得分	2018年排名	2019年分项指标数字支付服务广度中位数得分	2019年排名	排名上升
山东	44.82	11	63.56	10	69.81	11	3
广东	41.82	13	56.24	15	66.95	12	-7
安徽	40.60	14	57.27	13	65.97	13	2
陕西	38.87	15	57.02	14	64.67	14	-2
海南	46.79	9	62.06	11	64.34	15	5
甘肃	37.34	16	54.99	16	61.40	16	-6
新疆	29.49	25	40.35	24	59.10	17	-4
吉林	37.26	17	52.67	17	58.86	18	7
江西	35.13	18	49.98	18	58.65	19	0
黑龙江	34.71	19	49.74	19	57.38	20	3
四川	32.60	22	47.35	21	57.17	21	0
辽宁	33.69	21	47.61	20	56.52	22	0
广西	32.34	23	44.64	22	54.51	23	-7
重庆	33.96	20	37.89	26	53.76	24	-7
湖南	30.24	24	43.94	23	53.68	25	-7
云南	29.10	26	40.12	25	49.93	26	0
青海	22.10	27	28.64	27	35.95	27	-3
西藏	0.00	28	11.78	28	29.81	28	0

根据表 5-7，陕西近年来在分项指标数字授信服务广度方面表现良好，2019 年排名较 2017 年上升 7 位，居首位；山东该指标中位数得分上升也较快，2019 年排名第二。浙江和福建 2017 年该指标得分居第一和第二位，2019 年退居第三和第四位。江苏、江西在该维度上的中位数得分提升幅度也较大，不过相对缓慢，排名较 2017 年各下降 4 位。

表 5-7 2017—2019 年全国 28 个省份县域数字普惠金融发展指数分项指标数字授信服务广度中位数得分、排名及排名变化情况

省份	2017 年分项指标数字授信服务广度中位数得分	2017 年排名	2018 年分项指标数字授信服务广度中位数得分	2018 年排名	2019 年分项指标数字授信服务广度中位数得分	2019 年排名	排名上升
陕西	34.65	8	68.93	8	290.08	1	7
山东	55.53	5	111.59	3	253.67	2	3
浙江	100.00	1	172.65	1	250.25	3	-2
福建	79.48	2	132.01	2	192.47	4	-2
安徽	57.21	4	100.65	5	181.31	5	-1
河南	47.14	6	92.48	6	170.78	6	0
江苏	63.94	3	104.70	4	162.34	7	-4
湖南	31.91	11	62.22	9	152.75	8	3
河北	32.88	9	59.79	10	137.01	9	0
湖北	32.88	10	59.79	11	137.01	10	0
江西	39.32	7	75.03	7	123.97	11	-4
黑龙江	26.76	13	53.33	13	110.38	12	1
重庆	29.40	12	56.45	12	102.22	13	-1
山西	22.14	14	48.62	14	86.51	14	0
广西	18.25	16	37.16	16	72.64	15	1
广东	19.43	15	38.30	15	66.57	16	-1
海南	16.98	17	33.00	17	61.07	17	0
宁夏	10.72	20	23.71	21	54.48	18	2
贵州	11.72	19	27.17	18	54.00	19	0
吉林	12.53	18	25.73	19	52.17	20	-2
甘肃	10.28	21	23.65	22	51.59	21	0
辽宁	10.24	22	24.42	20	49.26	22	0
内蒙古	8.38	24	18.85	24	42.29	23	1
四川	8.94	23	20.37	23	40.28	24	-1
云南	6.78	25	15.44	25	31.49	25	0
新疆	5.43	26	13.41	26	30.14	26	0
青海	2.32	27	7.53	27	19.34	27	0
西藏	0.00	28	5.75	28	17.71	28	0

根据表 5-8，浙江、福建连续三年在 28 个省份县域数字普惠金融发展指数分项指标数字贷款服务广度中位数得分排名为第一、第二。陕西、内蒙古近年来的数字贷款服务广度中位数得分提升较快，2019 年的排名较 2017 年上升 5 位；四川的该指标中位数得分提升幅度也很大，但相对缓慢，2019 年的排名较 2017 年下降 5 位。

表 5-8 2017—2019 年全国 28 个省份县域数字普惠金融发展指数分项指标数字贷款服务广度中位数得分、排名及排名变化情况

省份	2017 年分项指标数字贷款服务广度中位数得分	2017 年排名	2018 年分项指标数字贷款服务广度中位数得分	2018 年排名	2019 年分项指标数字贷款服务广度中位数得分	2019 年排名	排名上升
浙江	100.00	1	195.68	1	354.75	1	0
福建	74.73	2	172.32	2	313.58	2	0
河南	35.54	6	88.84	4	194.30	3	3
安徽	42.90	4	88.44	5	181.02	4	0
陕西	25.92	10	66.91	9	165.82	5	5
江苏	48.41	3	94.06	3	164.61	6	-3
江西	37.98	5	83.18	6	164.43	7	-2
山东	33.13	8	74.29	7	158.87	8	0
湖南	34.48	7	71.89	8	149.66	9	-2
广东	29.57	9	63.39	10	129.23	10	-1
山西	14.93	14	51.16	13	120.92	11	3
河北	23.68	11	55.24	11	118.90	12	-1
湖北	23.68	12	55.24	12	118.90	13	-1
广西	20.09	13	50.14	14	109.58	14	-1
黑龙江	14.49	15	38.77	16	92.48	15	0
甘肃	8.96	19	35.14	18	84.21	16	3
海南	13.19	16	33.87	19	80.81	17	-1
贵州	11.41	18	35.59	17	77.38	18	0
重庆	13.13	17	39.69	15	76.78	19	-2
内蒙古	4.11	25	24.73	20	66.86	20	5

续表

省份	2017年分项指标数字贷款服务广度中位数得分	2017年排名	2018年分项指标数字贷款服务广度中位数得分	2018年排名	2019年分项指标数字贷款服务广度中位数得分	2019年排名	排名上升
宁夏	5.02	24	23.07	21	64.08	21	3
新疆	3.67	26	17.19	26	47.63	22	4
云南	6.70	21	21.32	22	47.11	23	-2
吉林	6.20	22	19.23	23	46.07	24	-2
四川	6.94	20	18.60	25	43.47	25	-5
辽宁	5.76	23	18.87	24	41.05	26	-3
青海	1.05	27	9.59	27	28.82	27	0
西藏	0.00	28	2.73	28	8.61	28	0

根据表5-9，新疆、福建、浙江、广东、江苏均在数字理财服务广度方面表现较好，2017—2019年均排名前五，其中新疆近年来在数字理财服务广度方面提升较快，中位数得分从2017年的第五位上升至2019年的第一位。从上升速度来看，西藏、宁夏近年来的分项指标数字理财服务广度中位数得分提升相对较快，2019年排名较2017年分别上升22位和6位；湖南的中位数得分提升相对较慢，2019年排名较2017年下降5位。

表5-9 2017—2019年全国28个省份县域数字普惠金融发展指数分项指标数字理财服务广度中位数得分、排名及排名变化情况

省份	2017年分项指标数字理财服务广度中位数得分	2017年排名	2018年分项指标数字理财服务广度中位数得分	2018年排名	2019年分项指标数字理财服务广度中位数得分	2019年排名	排名上升
新疆	77.37	5	126.34	5	161.04	1	4
福建	94.63	2	145.03	2	145.22	2	0
浙江	99.14	1	148.16	1	144.81	3	-2

续表

省份	2017年分项指标数字理财服务广度中位数得分	2017年排名	2018年分项指标数字理财服务广度中位数得分	2018年排名	2019年分项指标数字理财服务广度中位数得分	2019年排名	排名上升
广东	90.31	3	138.58	3	138.21	4	-1
江苏	83.02	4	133.01	4	122.88	5	-1
西藏	0.00	28	50.90	28	121.47	6	22
海南	72.13	6	105.45	9	119.59	7	-1
安徽	71.86	7	111.95	6	109.92	8	-1
江西	71.45	8	108.24	8	106.50	9	-1
宁夏	54.52	16	92.18	13	104.89	10	6
山东	68.59	9	109.97	7	104.00	11	-2
重庆	52.37	17	87.80	17	102.25	12	5
山西	59.27	12	101.67	10	100.78	13	-1
广西	61.65	10	95.11	12	99.79	14	-4
四川	59.48	11	90.74	15	99.46	15	-4
河南	56.72	15	98.49	11	97.91	16	-1
陕西	59.15	14	89.08	16	95.87	17	-3
湖南	59.16	13	91.03	14	93.17	18	-5
甘肃	47.91	22	80.78	21	92.07	19	3
内蒙古	49.68	20	83.79	20	91.28	20	0
贵州	43.09	23	73.27	24	89.21	21	2
河北	51.97	18	86.61	18	86.62	22	-4
湖北	51.97	19	86.61	19	86.62	23	-4
云南	48.77	21	75.37	22	86.14	24	-3
青海	39.82	25	66.84	27	85.73	25	0
吉林	40.83	24	75.20	23	73.93	26	-2
黑龙江	37.64	27	72.14	25	73.17	27	0
辽宁	38.88	26	68.81	26	69.33	28	-2

根据表5-10，近年来全国28个省份县域数字普惠金融发展指数

分项指标数字保险服务广度中位数得分排名变化较大。2019年分项指标数字保险服务广度排名前四的省份分别是广东、福建、江苏、浙江，其排名都有一定幅度的提升，这些省份在2017年排名中均不在前四之列。此外，西藏、江苏、甘肃、安徽、宁夏、山西等省份数字保险服务广度中位数得分提升幅度较大，2019年排名较2017年上升11位或更多；云南、青海、新疆、重庆、海南数字保险服务广度中位数得分提升幅度相对缓慢，2019年排名较2017年下降13位或更多。

表5-10 2017—2019年全国28个省份县域数字普惠金融发展指数分项指标数字保险服务广度中位数得分、排名及排名变化情况

省份	2017年分项指数数字保险服务广度中位数得分	2017年排名	2018年分项指数数字保险服务广度中位数得分	2018年排名	2019年分项指数数字保险服务广度中位数得分	2019年排名	排名上升
广东	83.12	6	143.16	1	155.92	1	5
福建	78.56	9	136.11	3	149.75	2	7
江苏	71.76	15	136.26	2	147.91	3	12
浙江	76.29	11	135.09	4	146.43	4	7
甘肃	71.35	16	122.81	12	145.40	5	11
安徽	71.17	17	129.96	6	142.33	6	11
宁夏	65.08	18	119.74	18	140.40	7	11
西藏	0.00	28	88.90	28	138.51	8	20
湖南	72.41	14	125.01	10	138.06	9	5
贵州	89.14	4	125.94	9	137.29	10	-6
陕西	73.78	12	122.73	13	136.58	11	1
河南	55.26	21	122.09	14	136.18	12	9
江西	79.05	8	129.56	7	135.42	13	-5
山西	47.54	25	120.94	17	134.80	14	11
广西	83.05	7	131.48	5	134.61	15	-8
山东	53.39	23	117.89	19	134.34	16	7

续表

省份	2017年分项指数 数字保险服务 广度中位数得分	2017年排名	2018年分项指数 数字保险服务 广度中位数得分	2018年排名	2019年分项指数 数字保险服务 广度中位数得分	2019年排名	排名上升
云南	93.05	3	123.52	11	132.69	17	-14
内蒙古	63.86	19	112.90	22	131.56	18	1
河北	45.14	26	110.46	23	129.25	19	7
湖北	45.14	27	110.46	24	129.25	20	7
青海	95.67	2	121.73	15	129.24	21	-19
四川	73.45	13	114.65	21	126.71	22	-9
新疆	78.03	10	121.52	16	126.05	23	-13
海南	100.00	1	129.35	8	124.05	24	-23
黑龙江	54.38	22	109.73	25	122.39	25	-3
吉林	51.72	24	107.88	27	121.68	26	-2
辽宁	57.72	20	109.12	26	118.91	27	-7
重庆	86.06	5	116.78	20	117.40	28	-23

根据表5-11，浙江、福建、江苏连续三年在全国28个省份县域数字普惠金融发展指数分项指标数字支付服务深度中位数得分排名第一、第二、第三。西藏的数字支付服务深度中位数得分提升较快，2019年排名较2017年上升14位；四川、云南的数字支付服务深度中位数得分提升相对缓慢，2019年排名较2017年均下降6位。

根据表5-12，近年来全国28个省份县域数字普惠金融发展指数分项指标数字授信服务深度中位数得分排名变化较大。其中西藏、内蒙古、新疆、青海的数字授信服务深度中位数得分提升幅度较大，其2019年排名较2017年上升了17位或更高，其中西藏从2017年的末位跃居2018年和2019年的首位；湖南、广西、江西的数字授信服务深度中位数得分下降幅度相对较大，排名较2017年下降15位或更大幅度。

第五章　中国县域数字普惠金融发展指数的得分与排名　77

表 5-11　2017—2019 年全国 28 个省份县域数字普惠金融发展指数
分项指标数字支付服务深度中位数得分、排名及排名变化情况

省份	2017年分项指标数字支付服务深度中位数得分	2017年排名	2018年分项指标数字支付服务深度中位数得分	2018年排名	2019年分项指标数字支付服务深度中位数得分	2019年排名	排名上升
浙江	100.00	1	113.73	1	137.61	1	0
福建	95.81	2	107.88	2	129.53	2	0
江苏	89.61	3	95.98	3	112.36	3	0
安徽	72.79	6	85.88	4	96.77	4	2
江西	74.00	4	77.57	6	90.85	5	-1
河南	57.84	8	69.74	8	90.08	6	2
海南	67.94	7	77.74	5	87.22	7	0
广东	73.12	5	76.98	7	86.77	8	-3
山东	55.03	11	63.57	10	74.63	9	2
山西	46.97	14	60.19	12	73.76	10	4
重庆	50.11	12	63.92	9	73.02	11	1
广西	56.45	9	60.54	11	70.22	12	-3
湖南	55.20	10	57.17	13	69.03	13	-3
西藏	0.00	28	24.42	28	64.47	14	14
河北	44.78	17	49.73	15	62.41	15	2
湖北	44.78	18	49.73	16	62.41	16	2
陕西	42.99	21	48.31	18	61.65	17	4
贵州	45.61	15	51.06	14	59.50	18	-3
四川	48.27	13	47.23	20	58.46	19	-6
新疆	44.61	19	48.45	17	56.95	20	-1
内蒙古	44.38	20	47.35	19	53.80	21	-1
云南	45.50	16	45.56	21	51.03	22	-6
吉林	39.29	23	42.80	22	49.70	23	0
甘肃	36.00	25	40.01	25	49.41	24	1
宁夏	33.78	27	38.03	26	48.34	25	2
黑龙江	38.62	24	40.79	24	48.09	26	-2
辽宁	39.93	22	41.27	23	46.79	27	-5
青海	34.34	26	32.68	27	41.50	28	-2

表 5－12 2017—2019 年全国 28 个省份县域数字普惠金融发展指数分项指标数字授信服务深度中位数得分、排名及排名变化情况

省份	2017年分项指标数字授信服务深度中位数得分	2017年排名	2018年分项指标数字授信服务深度中位数得分	2018年排名	2019年分项指标数字授信服务深度中位数得分	2019年排名	排名上升
西藏	0.00	28	49.72	1	71.90	1	27
山西	12.13	15	25.97	15	62.16	2	13
新疆	9.21	22	37.96	6	57.68	3	19
甘肃	19.01	9	38.68	4	52.39	4	5
广东	30.99	1	37.98	5	47.92	5	－4
四川	14.11	11	29.83	10	46.04	6	5
内蒙古	6.30	27	37.28	7	45.09	7	20
浙江	22.14	3	29.34	12	44.84	8	－5
青海	6.50	26	48.17	2	44.65	9	17
吉林	9.50	21	27.19	13	43.85	10	11
辽宁	12.48	14	29.79	11	42.52	11	3
河北	19.19	7	30.29	8	41.90	12	－5
湖北	19.19	8	30.29	9	41.90	13	－5
宁夏	9.78	20	24.75	18	40.22	14	6
黑龙江	12.04	17	25.73	17	36.59	15	2
云南	14.43	10	41.44	3	36.24	16	－6
江西	22.22	2	25.91	16	33.52	17	－15
安徽	20.73	6	23.78	19	32.11	18	－12
江苏	12.53	13	22.34	21	30.58	19	－6
海南	8.33	24	20.91	23	22.40	20	4
贵州	8.73	23	19.45	24	20.63	21	2
广西	20.82	5	26.81	14	20.31	22	－17
河南	11.35	19	13.35	26	20.05	23	－4
湖南	21.10	4	22.36	20	18.70	24	－20
福建	12.57	12	16.90	25	18.22	25	－13
山东	12.10	16	12.80	27	16.12	26	－10
重庆	7.93	25	9.03	28	10.49	27	－2
陕西	11.44	18	21.82	22	10.09	28	－10

根据表 5-13，浙江连续三年在全国 28 个省份县域数字普惠金融发展指数分项指标数字贷款服务深度中位数得分排名中位列第一。山西、内蒙古、河南近年来的数字贷款服务深度中位数得分提升幅度较大，其 2019 年排名较 2017 年均上升 6 位及以上；广东的数字贷款服务深度中位数得分提升虽然也幅度很大，但相对缓慢，其 2019 年排名较 2017 年下降 7 位。

表 5-13 2017—2019 年全国 28 个省份县域数字普惠金融发展指数分项指标数字贷款服务深度中位数得分、排名及排名变化情况

省份	2017 年分项指标数字贷款服务深度中位数得分	2017 年排名	2018 年分项指标数字贷款服务深度中位数得分	2018 年排名	2019 年分项指标数字贷款服务深度中位数得分	2019 年排名	排名上升
浙江	62.12	1	110.96	1	193.07	1	0
福建	44.58	3	86.61	2	158.29	2	1
安徽	45.02	2	77.32	3	148.25	3	-1
河南	28.89	10	58.22	9	131.12	4	6
江西	40.39	4	67.45	4	128.00	5	-1
江苏	39.33	5	63.36	5	121.38	6	-1
山西	21.11	17	47.37	13	103.89	7	10
河北	30.25	8	58.68	7	103.07	8	0
湖北	30.25	9	58.68	8	103.07	9	0
陕西	24.12	13	48.90	12	98.89	10	3
山东	27.26	12	52.48	11	96.38	11	1
湖南	32.58	7	59.39	6	96.00	12	-5
广东	32.62	6	55.36	10	90.68	13	-7
甘肃	22.45	16	44.50	14	79.09	14	2
黑龙江	23.12	15	41.31	16	74.68	15	0
广西	27.40	11	43.50	15	70.42	16	-5
内蒙古	12.74	25	32.05	18	60.27	17	8
重庆	23.43	14	35.36	17	54.61	18	-4
海南	17.59	20	31.45	19	50.77	19	1

续表

省份	2017年分项指标数字贷款服务深度中位数得分	2017年排名	2018年分项指标数字贷款服务深度中位数得分	2018年排名	2019年分项指标数字贷款服务深度中位数得分	2019年排名	排名上升
贵州	15.88	24	29.21	20	45.67	20	4
辽宁	19.00	18	29.18	21	44.98	21	-3
吉林	17.19	21	24.12	23	43.51	22	-1
宁夏	16.03	23	22.21	25	42.73	23	0
云南	18.94	19	27.22	22	41.47	24	-5
四川	16.50	22	22.77	24	40.26	25	-3
新疆	10.75	26	18.29	26	37.32	26	0
青海	9.63	27	17.34	27	26.91	27	0
西藏	0.55	28	3.57	28	10.13	28	0

根据表5-14，浙江、江苏连续三年在全国28个省份县域数字普惠金融发展指数分项指标数字理财服务深度中位数得分排名中位列第一、第二。西藏近年来的数字理财服务深度中位数得分提升较快，2019年排名较2017年上升21位；辽宁、云南、黑龙江的数字理财服务深度中位数得分下降相对较快，其2019年排名较2017年下降7位甚至以上。

表5-14 2017—2019年全国28个省份县域数字普惠金融发展指数
分项指标数字理财服务深度中位数得分、排名及排名变化情况

省份	2017年分项指标数字理财服务深度中位数得分	2017年排名	2018年分项指标数字理财服务深度中位数得分	2018年排名	2019年分项指标数字理财服务深度中位数得分	2019年排名	排名上升
浙江	90.34	1	66.43	1	83.61	1	0
江苏	81.87	2	59.89	2	76.34	2	0
安徽	72.53	6	55.45	4	72.14	3	3
福建	71.15	7	51.08	8	65.32	4	3

续表

省份	2017年分项指标数字理财服务深度中位数得分	2017年排名	2018年分项指标数字理财服务深度中位数得分	2018年排名	2019年分项指标数字理财服务深度中位数得分	2019年排名	排名上升
江西	70.59	8	51.94	6	65.03	5	3
海南	74.48	3	55.62	3	63.93	6	-3
西藏	0.00	28	21.20	28	61.69	7	21
湖南	69.24	10	49.01	9	60.74	8	2
四川	73.38	5	52.60	5	60.52	9	-4
山东	69.64	9	46.94	10	59.88	10	-1
广东	60.93	18	46.27	11	58.94	11	7
云南	74.44	4	51.13	7	55.37	12	-8
河北	62.31	13	42.91	13	54.12	13	0
湖北	62.31	14	42.91	14	54.12	14	0
陕西	59.69	20	42.12	15	53.02	15	5
吉林	66.96	11	44.64	12	51.14	16	-5
河南	60.97	17	40.96	18	50.38	17	0
重庆	60.72	19	37.42	23	48.56	18	1
山西	54.85	24	38.38	21	47.73	19	5
新疆	61.37	16	40.04	19	46.58	20	-4
辽宁	62.78	12	41.22	17	45.30	21	-9
黑龙江	62.26	15	41.70	16	45.25	22	-7
广西	56.15	22	39.00	20	44.34	23	-1
内蒙古	56.57	21	37.33	24	41.83	24	-3
甘肃	53.44	25	35.24	25	39.39	25	0
青海	55.57	23	38.23	22	36.63	26	-3
宁夏	48.54	27	28.74	27	35.92	27	0
贵州	51.31	26	29.78	20	31.59	28	0

根据表5-15，浙江连续三年在全国28个省份县域数字普惠金融发展指数分项指标数字保险服务深度中位数得分排名中位列第一。西

藏近年来的数字保险服务深度中位数得分提升较快，其 2019 年排名较 2017 年上升 21 位；贵州的数字保险服务深度中位数得分下降幅度相对较大，其 2019 年排名较 2017 年下降 9 位。

表 5-15 2017—2019 年全国 28 个省份县域数字普惠金融发展指数分项指标数字保险服务深度中位数得分、排名及排名变化情况

省份	2017 年分项指标数字保险服务深度中位数得分	2017 年排名	2018 年分项指标数字保险服务深度中位数得分	2018 年排名	2019 年分项指标数字保险服务深度中位数得分	2019 年排名	排名上升
浙江	100.00	1	93.02	1	125.10	1	0
江苏	85.46	3	74.58	3	106.70	2	1
福建	89.86	2	77.14	2	102.77	3	-1
海南	70.85	6	67.92	4	100.58	4	2
安徽	74.33	5	66.13	6	91.71	5	0
重庆	52.03	13	48.97	8	84.32	6	7
西藏	0.00	28	12.74	28	83.92	7	21
江西	81.73	4	67.65	5	83.75	8	-4
广东	69.66	7	57.83	7	81.56	9	-2
山东	49.99	17	45.06	11	69.24	10	7
广西	52.89	11	45.48	10	63.46	11	0
四川	54.70	9	41.95	12	63.03	12	-3
湖南	60.16	8	46.54	9	62.49	13	-5
内蒙古	48.78	18	36.40	18	57.17	14	4
辽宁	53.58	10	40.99	14	55.56	15	-5
河南	46.38	20	39.47	16	53.67	16	4
云南	52.83	12	41.75	13	53.17	17	-5
新疆	37.26	24	23.38	25	52.12	18	6
吉林	51.99	14	39.72	15	51.60	19	-5
陕西	47.24	19	34.82	21	50.99	20	-1
黑龙江	50.34	16	34.23	22	50.14	21	-5
河北	39.73	22	35.15	19	49.37	22	0

续表

省份	2017年分项指标数字保险服务深度中位数得分	2017年排名	2018年分项指标数字保险服务深度中位数得分	2018年排名	2019年分项指标数字保险服务深度中位数得分	2019年排名	排名上升
湖北	39.73	23	35.15	20	49.37	23	0
贵州	50.48	15	38.85	17	47.37	24	-9
山西	39.89	21	32.27	23	46.73	25	-4
青海	33.78	27	29.73	24	37.14	26	1
甘肃	34.90	25	21.94	26	33.36	27	-2
宁夏	34.73	26	18.97	27	30.67	28	-2

根据表5-16，浙江、福建连续三年在全国28个省份县域数字普惠金融发展指数分项指标便捷度服务质量中位数得分排名中位列第一、第二。宁夏、内蒙古、贵州、山西近年来在便捷度服务质量方面的中位数得分提升较快，2019年排名较2017年上升了7位甚至以上；湖南、重庆在该维度的中位数得分提升相对缓慢，2019年排名较2017年均下降6位。

表5-16 2017—2019年全国28个省份县域数字普惠金融发展指数分项指标便捷度服务质量中位数得分、排名及排名变化情况

省份	2017年分项指标便捷度服务质量中位数得分	2017年排名	2018年分项指标便捷度服务质量中位数得分	2018年排名	2019年分项指标便捷度服务质量中位数得分	2019年排名	排名上升
浙江	98.94	1	146.14	1	169.19	1	0
福建	86.28	2	133.40	2	149.52	2	0
山西	61.46	10	120.77	4	138.35	3	7
河南	68.44	5	115.79	5	135.93	4	1
江苏	79.80	3	120.95	3	132.64	5	-2
河北	65.07	6	109.01	6	121.44	6	0

续表

省份	2017年分项指标便捷度服务质量中位数得分	2017年排名	2018年分项指标便捷度服务质量中位数得分	2018年排名	2019年分项指标便捷度服务质量中位数得分	2019年排名	排名上升
湖北	65.07	7	109.01	7	121.44	7	0
山东	65.01	8	107.69	8	121.32	8	0
安徽	72.78	4	105.74	9	117.33	9	-5
宁夏	49.49	23	93.67	12	116.85	10	13
广东	60.43	11	94.49	11	112.34	11	0
陕西	51.63	17	89.00	13	104.39	12	5
江西	63.87	9	94.78	10	104.14	13	-4
广西	53.87	13	79.63	20	98.53	14	-1
甘肃	49.95	20	85.00	14	97.63	15	5
内蒙古	49.45	24	83.15	17	96.53	16	8
贵州	47.81	25	74.77	23	93.47	17	8
湖南	54.92	12	80.20	18	90.25	18	-6
海南	52.51	15	72.90	24	89.84	19	-4
重庆	52.67	14	76.98	22	89.10	20	-6
吉林	51.79	16	84.99	15	88.74	21	-5
新疆	45.55	26	66.76	25	88.69	22	4
黑龙江	51.39	18	83.59	16	88.24	23	-5
四川	50.64	19	77.46	21	87.32	24	-5
辽宁	49.85	21	79.78	19	82.90	25	-4
青海	49.78	22	58.98	27	73.63	26	-4
云南	44.92	27	58.98	26	71.55	27	0
西藏	33.30	28	45.55	28	66.57	28	0

根据表5-17，浙江、江苏近年来在全国28个省份县域数字普惠金融发展指数分项指标利率水平中位数得分排名从2017年的第四位和第五位提升到2018年的第一、二位，并在2019年保持了这一领先地位。四川、贵州2019年的利率水平排名较2017年均上升4位；宁

夏、甘肃 2019 年的排名较 2017 年分别下降 6 位和 4 位。

表 5-17 2017—2019 年全国 28 个省份县域数字普惠金融发展指数
分项指标利率水平中位数得分、排名及排名变化情况

省份	2017 年分项指标利率水平中位数得分	2017 年排名	2018 年分项指标利率水平中位数得分	2018 年排名	2019 年分项指标利率水平中位数得分	2019 年排名	排名上升
浙江	66.69	4	57.52	1	51.42	1	3
江苏	65.87	5	51.60	2	45.32	2	3
山东	73.49	1	51.05	3	45.09	3	-2
河北	68.68	2	49.32	4	43.85	4	-2
湖北	68.68	3	49.32	5	43.85	5	-2
湖南	56.81	8	42.58	7	39.00	6	2
江西	57.59	7	41.79	8	37.85	7	0
安徽	64.51	6	47.36	6	37.64	8	-2
河南	54.11	10	37.19	10	36.81	9	1
广东	55.95	9	41.68	9	29.72	10	-1
福建	41.11	12	34.71	11	29.35	11	1
辽宁	51.54	11	32.93	12	26.49	12	-1
广西	38.19	13	25.59	14	21.18	13	0
四川	27.63	18	20.60	18	20.44	14	4
吉林	37.73	14	27.23	13	19.49	15	-1
重庆	32.14	16	24.24	16	17.27	16	0
黑龙江	37.00	15	24.64	15	16.48	17	-2
陕西	30.60	17	21.63	17	16.15	18	-1
内蒙古	22.84	22	11.01	26	15.65	19	3
贵州	20.64	24	16.52	21	10.19	20	4
海南	25.06	21	18.10	20	9.87	21	0
云南	20.29	25	18.11	19	9.62	22	3
甘肃	27.27	19	16.00	22	9.21	23	-4
西藏	17.76	26	13.56	24	7.75	24	2

续表

省份	2017年分项指标利率水平中位数得分	2017年排名	2018年分项指标利率水平中位数得分	2018年排名	2019年分项指标利率水平中位数得分	2019年排名	排名上升
山西	21.96	23	15.78	23	5.32	25	-2
宁夏	25.76	20	5.89	28	2.59	26	-6
新疆	16.02	27	12.15	25	1.18	27	0
青海	11.33	28	6.69	27	-2.92	28	0

根据表5-18，近年来全国28个省份县域数字普惠金融发展指数分项指标安全度服务质量的中位数得分、排名基本保持不变。其中西藏、青海、内蒙古和新疆该指标中位数得分最高，排名位列前四，其原因主要是近年来这些省份的不良贷款率相对较低。

表5-18 2017—2019年全国28个省份县域数字普惠金融发展指数分项指标安全度服务质量中位数得分、排名及排名变化情况

省份	2017年分项指标安全度服务质量中位数得分	2017年排名	2018年分项指标安全度服务质量中位数得分	2018年排名	2019年分项指标安全度服务质量中位数得分	2019年排名	排名上升
西藏	100.00	1	100.00	1	100.00	1	0
青海	95.27	2	95.27	2	95.27	2	0
内蒙古	87.67	3	87.67	3	87.67	3	0
新疆	85.43	4	85.43	4	85.43	4	0
河北	81.75	5	81.75	5	81.75	5	0
湖北	81.75	6	81.75	6	81.75	6	0
河南	81.43	7	81.43	7	81.43	7	0
山西	80.44	8	80.44	8	80.44	8	0
四川	79.02	9	79.02	9	79.02	9	0
山东	77.78	10	77.78	10	77.78	10	0
江苏	77.65	11	77.65	11	77.65	11	0

续表

省份	2017年分项指标安全度服务质量中位数得分	2017年排名	2018年分项指标安全度服务质量中位数得分	2018年排名	2019年分项指标安全度服务质量中位数得分	2019年排名	排名上升
安徽	77.13	12	77.13	12	77.13	12	0
云南	75.57	13	75.57	13	75.57	13	0
甘肃	75.12	14	75.12	14	75.12	14	0
陕西	74.47	15	74.47	15	74.47	15	0
江西	73.17	16	73.17	16	73.17	16	0
浙江	71.01	17	71.01	17	71.01	17	0
吉林	69.84	18	69.84	18	69.84	18	0
辽宁	69.47	19	69.47	19	69.47	19	0
重庆	67.65	20	67.65	20	67.65	20	0
宁夏	66.92	21	66.92	21	66.92	21	0
湖南	66.66	22	66.66	22	66.66	22	0
黑龙江	66.62	23	66.62	23	66.62	23	0
福建	65.96	24	65.96	24	65.96	24	0
贵州	65.35	25	65.35	25	65.35	25	0
广东	64.02	26	64.02	26	64.02	26	0
海南	63.14	27	63.14	27	63.14	27	0
广西	56.45	28	56.45	28	56.45	28	0

四 百强县分析

在对全国28个省份县域数字普惠金融发展指数进行比较分析后，可以根据全国各县（市）县域数字普惠金融发展指数得分情况，得出全国县域数字普惠金融发展百强县名单，并对百强县的情况进行分析。

（一）县域数字普惠金融发展总指数百强县得分和排名总体分析

按照各县（市）的县域数字普惠金融发展总指数得分从高到低排

序，可以得到 2017—2019 年县域数字普惠金融发展百强县排名（见表 5-19）。

表 5-19　2017—2019 年县域数字普惠金融发展总指数百强县得分和排名情况

排名	县（市）	2017年得分	县（市）	2018年得分	县（市）	2019年得分
1	浙江省东阳市	89.52	浙江省东阳市	124.90	浙江省义乌市	177.74
2	浙江省云和县	89.49	浙江省浦江县	124.46	浙江省东阳市	175.70
3	浙江省浦江县	88.59	浙江省义乌市	124.27	浙江省云和县	175.43
4	浙江省义乌市	88.27	浙江省云和县	123.60	浙江省桐乡市	175.36
5	浙江省桐乡市	87.22	浙江省桐乡市	122.93	浙江省永康市	174.46
6	浙江省安吉县	87.01	浙江省乐清市	122.91	浙江省平阳县	173.50
7	浙江省温岭市	86.99	浙江省平阳县	122.44	浙江省平湖市	172.27
8	浙江省永康市	86.99	浙江省永康市	122.25	浙江省乐清市	171.92
9	浙江省永嘉县	86.27	浙江省武义县	121.67	河北省三河市	171.73
10	福建省石狮市	85.79	浙江省瑞安市	121.64	浙江省安吉县	171.72
11	浙江省平阳县	85.58	浙江省安吉县	121.15	浙江省海宁市	170.17
12	河北省三河市	85.43	福建省石狮市	121.03	浙江省慈溪市	168.8
13	浙江省武义县	85.06	河北省高碑店市	120.93	浙江省浦江县	168.65
14	浙江省瑞安市	84.88	河北省三河市	120.69	江苏省昆山市	167.67
15	河北省高碑店市	84.77	浙江省永嘉县	120.51	浙江省瑞安市	167.49
16	浙江省苍南县	84.63	浙江省平湖市	120.49	浙江省庆元县	167.04
17	浙江省平湖市	84.61	浙江省温岭市	120.34	福建省福鼎市	166.55
18	江苏省常熟市	84.14	福建省闽侯县	120.21	浙江省武义县	165.86
19	浙江省龙泉市	83.86	浙江省苍南县	119.37	浙江省海盐县	165.49
20	河北省大厂回族自治县	83.80	浙江省慈溪市	119.13	浙江省德清县	165.44
21	浙江省乐清市	83.76	浙江省海宁市	118.9	河北省高碑店市	165.36
22	浙江省庆元县	83.75	浙江省诸暨市	118.88	河北省大厂回族自治县	165.27
23	浙江省慈溪市	83.53	浙江省余姚市	118.85	福建省闽侯县	165.19

续表

排名	县（市）	2017年得分	县（市）	2018年得分	县（市）	2019年得分
24	江苏省太仓市	83.10	福建省武夷山市	118.24	浙江省嘉善县	165.01
25	浙江省海宁市	82.93	福建省德化县	117.57	浙江省永嘉县	164.99
26	浙江省余姚市	82.80	浙江省庆元县	117.46	浙江省桐庐县	164.63
27	浙江省德清县	82.66	浙江省德清县	117.46	浙江省余姚市	164.29
28	福建省德化县	82.60	浙江省嘉善县	117.36	浙江省温岭市	163.68
29	浙江省诸暨市	82.58	河北省大厂回族自治县	117.29	福建省武夷山市	163.47
30	福建省晋江市	82.47	浙江省桐庐县	117.1	福建省石狮市	163.36
31	福建省安溪县	82.43	江苏省昆山市	116.9	浙江省苍南县	162.09
32	福建省闽侯县	82.32	江苏省常熟市	116.83	湖南省长沙县	162.01
33	浙江省天台县	82.26	广东省惠东县	115.87	山西省侯马市	161.94
34	广东省惠东县	82.2	福建省晋江市	115.7	江西省南昌县	161.84
35	浙江省嘉善县	81.79	浙江省海盐县	115.67	浙江省诸暨市	161.69
36	浙江省缙云县	81.45	河北省清河县	115.64	安徽省全椒县	161.01
37	福建省武夷山市	81.39	江西省共青城市	115.2	云南省瑞丽市	160.28
38	浙江省桐庐县	81.24	福建省安溪县	114.04	河北省清河县	159.83
39	浙江省临海市	81.11	福建省柘荣县	113.93	福建省德化县	159.72
40	广西壮族自治区东兴市	80.84	云南省瑞丽市	113.68	江苏省常熟市	159.54
41	福建省福安市	80.76	福建省福鼎市	113.66	福建省屏南县	159.39
42	广东省普宁市	80.72	江苏省太仓市	113.51	江苏省沭阳县	159.11
43	江苏省海门市	80.67	广东省普宁市	113.51	河南省新郑市	158.97
44	浙江省海盐县	80.64	河南省新郑市	113.38	福建省柘荣县	158.36
45	福建省福鼎市	80.59	福建省福安市	113.21	福建省晋江市	158.02
46	江西省共青城市	80.44	江西省南昌县	113.06	广东省惠东县	158.01
47	浙江省宁海县	80.4	浙江省宁海县	112.77	河南省新乡县	156.97
48	江苏省昆山市	80.14	河北省平乡县	112.43	江西省共青城市	156.54
49	浙江省松阳县	79.91	福建省屏南县	112.36	福建省安溪县	156.34
50	福建省南安市	79.84	江苏省沭阳县	111.99	山西省河津市	156.01
51	浙江省新昌县	79.51	浙江省龙泉市	111.86	福建省霞浦县	155.71

续表

排名	县（市）	2017年得分	县（市）	2018年得分	县（市）	2019年得分
52	黑龙江省绥芬河市	79.16	福建省南安市	111.57	浙江省宁海县	155.42
53	浙江省仙居县	79.09	广西壮族自治区东兴市	111.36	广西壮族自治区灵川县	155.36
54	江苏省沭阳县	78.77	广东省海丰县	110.73	湖北省仙桃市	154.64
55	湖南省长沙县	78.75	浙江省天台县	110.65	广东省普宁市	153.91
56	广东省海丰县	78.60	安徽省桐城市	110.57	广东省海丰县	153.8
57	河北省清河县	78.60	福建省龙海市	110.24	河南省济源市	153.72
58	江西省靖安县	78.54	福建省霞浦县	109.91	福建省龙海市	153.2
59	江苏省丹阳市	78.52	浙江省仙居县	109.88	河南省沁阳市	152.97
60	福建省屏南县	78.18	山西省侯马市	109.72	福建省福安市	152.29
61	浙江省建德市	78.06	浙江省三门县	109.08	江苏省太仓市	152.19
62	河北省容城县	78.05	浙江省缙云县	109.06	福建省南安市	152.07
63	河北省平乡县	78.01	安徽省全椒县	109.05	河南省修武县	152.02
64	江西省南昌县	77.98	湖南省长沙县	108.98	浙江省龙泉市	151.98
65	河北省南宫市	77.91	黑龙江省绥芬河市	108.98	江苏省新沂市	151.81
66	云南省瑞丽市	77.85	江苏省海门市	108.94	福建省寿宁县	151.81
67	福建省霞浦县	77.79	广东省陆河县	108.59	河南省镇平县	151.63
68	浙江省三门县	77.73	河南省济源市	108.32	广东省四会市	151.36
69	江苏省睢宁县	77.72	福建省仙游县	108.23	浙江省天台县	151.21
70	广东省陆河县	77.39	福建省永安市	107.77	江西省黎川县	150.67
71	江西省黎川县	76.71	浙江省长兴县	107.73	福建省邵武市	150.54
72	河南省新郑市	76.55	福建省沙县	107.66	安徽省金寨县	150.49
73	福建省政和县	76.33	广东省博罗县	107.65	广西壮族自治区东兴市	150.33
74	安徽省肥西县	76.2	江苏省睢宁县	107.48	河南省兰考县	150.32
75	安徽省桐城市	76.15	河南省孟州市	107.29	福建省永安市	150.31
76	浙江省象山县	75.64	福建省连江县	107.24	河北省平乡县	150.26
77	福建省柘荣县	75.64	河南省新乡县	107.1	广东省博罗县	149.97

续表

排名	县（市）	2017年得分	县（市）	2018年得分	县（市）	2019年得分
78	福建省连江县	75.62	江西省靖安县	106.94	河南省孟州市	149.92
79	江苏省张家港市	75.50	福建省连城县	106.78	安徽省宿松县	149.85
80	江苏省东海县	75.43	江西省黎川县	106.59	安徽省桐城市	149.73
81	安徽省望江县	75.32	河北省容城县	106.31	广东省陆河县	149.41
82	福建省寿宁县	75.23	广东省四会市	106.25	福建省连江县	149.2
83	浙江省长兴县	75.03	河北省南宫市	105.83	安徽省怀宁县	149.12
84	江苏省宜兴市	74.89	浙江省象山县	105.76	江西省靖安县	148.99
85	浙江省兰溪市	74.82	福建省政和县	105.53	山东省曹县	148.52
86	浙江省嵊州市	74.72	河北省肃宁县	105.52	浙江省长兴县	148.37
87	广东省饶平县	74.63	广西壮族自治区灵川县	105.47	河南省中牟县	147.82
88	福建省龙海市	74.63	浙江省新昌县	105.34	福建省沙县	147.82
89	安徽省全椒县	74.62	福建省惠安县	105.19	安徽省黟县	147.64
90	福建省仙游县	74.43	江苏省新沂市	104.69	山西省孝义市	147.53
91	浙江省磐安县	74.38	山西省河津市	104.67	河南省商城县	147.35
92	福建省沙县	74.17	安徽省芜湖县	104.63	河南省内乡县	147.34
93	河北省香河县	74.17	安徽省怀宁县	104.38	福建省仙游县	147.16
94	安徽省休宁县	74.11	河南省沁阳市	103.77	安徽省岳西县	147.15
95	江苏省新沂市	74.11	安徽省肥西县	103.67	湖北省恩施市	147
96	安徽省黟县	74.06	浙江省临海市	103.51	安徽省芜湖县	146.78
97	河北省肃宁县	74.03	浙江省建德市	103.48	河南省汝州市	146.71
98	广东省博罗县	73.92	安徽省黟县	103.48	黑龙江省绥芬河市	146.39
99	安徽省怀宁县	73.64	福建省漳平市	103.34	福建省连城县	146.07
100	福建省惠安县	73.57	浙江省松阳县	103.23	河南省汤阴县	145.56

总体来看，近年来中部地区进入全国县域数字普惠金融发展总指数百强县的数量和占比逐年增多，西部和东北地区百强县基本保持稳定。在2017年全国县域数字普惠金融发展总指数得分百强县中，东

部地区县域占84%，中部地区占13%，西部地区和东北地区占比仅为2%和1%。其中前39名全部为东部地区县域。2018年全国县域数字普惠金融发展总指数得分百强县中，东部地区县域占78%，中部地区占18%，西部地区和东北地区占比仅为3%和1%。其中前36名全部为东部地区县域。在2019年全国县域数字普惠金融发展总指数得分百强县中，东部地区县域占比65%，中部地区占比31%，西部地区和东北地区占比仅为3%和1%。其中前31名全部为东部地区县域。

从省份来看，近年来越来越多的省份有县（市）进入全国县域数字普惠金融发展百强县名单，反映出相较于此前县域数字普惠金融发展较好的浙江省和福建省，原先未进入县域数字普惠金融发展百强县的省份县域数字普惠金融发展势头较好。

具体来看，共有12个省份有其所辖县（市）入选2017年县域数字普惠金融发展总指数得分百强县，分别是浙江、福建、河南、安徽、云南、江苏、江西、湖南、黑龙江、河北、广东和广西。其中浙江、福建作为县域数字普惠金融发展最好的两个省份，百强县个数分别为39个和19个，合计58个县（市），超过百强县总数的半数。共有13个省份有其所辖县（市）入选2018年县域数字普惠金融发展总指数得分百强县，分别是浙江、福建、河南、安徽、云南、江苏、江西、湖南、黑龙江、河北、山西、广东和广西。其中浙江、福建作为县域数字普惠金融发展最好的两个省份，百强县个数分别为36个和21个，合计57个县（市），超过百强县总数的半数。共有15个省份有其所辖县（市）入选2019年县域数字普惠金融发展总指数得分百强县，分别是浙江、福建、河南、安徽、云南、山东、山西、江苏、江西、湖南、湖北、黑龙江、河北、广东和广西。其中浙江、福建作为县域数字普惠金融发展最好的两个省份，百强县个数分别为28个和20个，合计48个县（市），接近百强县总数的半数。

2019年县域数字普惠金融发展指数总指数得分前十名的县市为：第一名义乌市，得分177.74分；第二名东阳市，得分175.70分；第三名云和县，得分175.43分；第四名桐乡市，得分175.36分；第五名永康市，得分174.46分；第六名平阳县，得分173.50分；第七名平湖市，得分172.27分；第八名乐清市，得分171.92分；第九名三河市，得分171.73分，第十名安吉县，得分171.72分。总体来看，2019年县域数字普惠金融发展指数总指数前十名县（市）得分均在170分以上，可以看出其县域数字普惠金融发展水平较高。

表5-20反映了2019年县域数字普惠金融发展指数总指数得分百强县得分和排名变化情况。可以看出，义乌市、东阳市、云和县和桐乡市，一直位居2017—2019年县域数字普惠金融发展总指数得分前五，其中义乌市从2017年的第四名升至2019年的第一名。浦江县虽然在2017年和2018年分别排名第三和第二，但是在2019年跌出前五名，为第13名。不过其每年仍然保持了较大的得分提升幅度，只是其他少数县（市）的得分提升幅度更大。

表5-20　2019年县域数字普惠金融发展指数总指数得分百强县的历年得分和全国排名变化情况

县（市）	地区	2017年得分和全国排名		2018年得分和全国排名		2019年得分和全国排名	
		得分	排名	得分	排名	得分	排名
浙江省义乌市	东部	88.27	4	124.27	3	177.74	1
浙江省东阳市	东部	89.52	1	124.90	1	175.70	2
浙江省云和县	东部	89.49	2	123.60	4	175.43	3
浙江省桐乡市	东部	87.22	5	122.93	5	175.36	4
浙江省永康市	东部	86.99	8	122.25	8	174.46	5
浙江省平阳县	东部	85.58	11	122.44	7	173.50	6
浙江省平湖市	东部	84.61	17	120.49	16	172.27	7
浙江省乐清市	东部	83.76	21	122.91	6	171.92	8
河北省三河市	东部	85.43	12	120.69	14	171.73	9
浙江省安吉县	东部	87.01	6	121.15	11	171.72	10
浙江省海宁市	东部	82.93	25	118.90	21	170.17	11
浙江省慈溪市	东部	83.53	23	119.13	20	168.80	12
浙江省浦江县	东部	88.59	3	124.46	2	168.65	13

续表

县（市）	地区	2017年得分和全国排名		2018年得分和全国排名		2019年得分和全国排名	
		得分	排名	得分	排名	得分	排名
江苏省昆山市	东部	80.14	48	116.90	31	167.67	14
浙江省瑞安市	东部	84.88	14	121.64	10	167.49	15
浙江省庆元县	东部	83.75	22	117.46	26	167.04	16
福建省福鼎市	东部	80.59	45	113.66	41	166.55	17
浙江省武义县	东部	85.06	13	121.67	9	165.86	18
浙江省海盐县	东部	80.64	44	115.67	35	165.49	19
浙江省德清县	东部	82.66	27	117.46	27	165.44	20
河北省高碑店市	东部	84.77	15	120.93	13	165.36	21
河北省大厂回族自治县	东部	83.80	20	117.29	29	165.27	22
福建省闽侯县	东部	82.32	32	120.21	18	165.19	23
浙江省嘉善县	东部	81.79	35	117.36	28	165.01	24
浙江省永嘉县	东部	86.27	9	120.51	15	164.99	25
浙江省桐庐县	东部	81.24	38	117.10	30	164.63	26
浙江省余姚市	东部	82.80	26	118.85	23	164.29	27
浙江省温岭市	东部	86.99	7	120.34	17	163.68	28
福建省武夷山市	东部	81.39	37	118.24	24	163.47	29
福建省石狮市	东部	85.79	10	121.03	12	163.36	30
浙江省苍南县	东部	84.63	16	119.37	19	162.09	31
湖南省长沙县	中部	78.75	55	108.98	64	162.01	32
山西省侯马市	中部	66.75	162	109.72	60	161.94	33
江西省南昌县	中部	77.98	64	113.06	46	161.84	34
浙江省诸暨市	东部	82.58	29	118.88	22	161.69	35
安徽省全椒县	中部	74.62	89	109.05	63	161.01	36
云南省瑞丽市	西部	77.85	66	113.68	40	160.28	37
河北省清河县	东部	78.60	57	115.64	36	159.83	38
福建省德化县	东部	82.60	28	117.57	25	159.72	39
江苏省常熟市	东部	84.14	18	116.83	32	159.54	40
福建省屏南县	东部	78.18	60	112.36	49	159.39	41
江苏省沭阳县	东部	78.77	54	111.99	50	159.11	42

续表

县（市）	地区	2017年得分和全国排名		2018年得分和全国排名		2019年得分和全国排名	
		得分	排名	得分	排名	得分	排名
河南省新郑市	中部	76.55	72	113.38	44	158.97	43
福建省柘荣县	东部	75.64	77	113.93	39	158.36	44
福建省晋江市	东部	82.47	30	115.70	34	158.02	45
广东省惠东县	东部	82.20	34	115.87	33	158.01	46
河南省新乡县	中部	69.85	127	107.10	77	156.97	47
江西省共青城市	中部	80.44	46	115.20	37	156.54	48
福建省安溪县	东部	82.43	31	114.04	38	156.34	49
山西省河津市	中部	61.17	234	104.67	91	156.01	50
福建省霞浦县	东部	77.79	67	109.91	58	155.71	51
浙江省宁海县	东部	80.40	47	112.77	47	155.42	52
广西壮族自治区灵川县	西部	66.92	158	105.47	87	155.36	53
湖北省仙桃市	中部	71.73	113	103.10	102	154.64	54
广东省普宁市	东部	80.72	42	113.51	43	153.91	55
广东省海丰县	东部	78.60	56	110.73	54	153.80	56
河南省济源市	中部	66.71	163	108.32	68	153.72	57
福建省龙海市	东部	74.63	88	110.24	57	153.20	58
河南省沁阳市	中部	63.38	195	103.77	94	152.97	59
福建省福安市	东部	80.76	41	113.21	45	152.29	60
江苏省太仓市	东部	83.10	24	113.51	42	152.19	61
福建省南安市	东部	79.84	50	111.57	52	152.07	62
河南省修武县	中部	57.08	325	92.69	163	152.02	63
浙江省龙泉市	东部	83.86	19	111.86	51	151.98	64
江苏省新沂市	东部	74.11	96	104.69	90	151.81	65
福建省寿宁县	东部	75.23	82	102.48	103	151.81	66
河南省镇平县	中部	71.24	114	101.94	107	151.63	67
广东省四会市	东部	71.09	117	106.25	82	151.36	68
浙江省天台县	东部	82.26	33	110.65	55	151.21	69
江西省黎川县	中部	76.71	71	106.59	80	150.67	70
福建省邵武市	东部	72.49	108	100.39	111	150.54	71

续表

县（市）	地区	2017年得分和全国排名		2018年得分和全国排名		2019年得分和全国排名	
		得分	排名	得分	排名	得分	排名
安徽省金寨县	中部	70.36	124	98.05	124	150.49	72
广西壮族自治区东兴市	西部	80.84	40	111.36	53	150.33	73
河南省兰考县	中部	54.78	397	98.88	118	150.32	74
福建省永安市	东部	71.95	112	107.77	70	150.31	75
河北省平乡县	东部	78.01	63	112.43	48	150.26	76
广东省博罗县	东部	73.92	99	107.65	73	149.97	77
河南省孟州市	中部	67.73	147	107.29	75	149.92	78
安徽省宿松县	中部	70.94	119	102.42	104	149.85	79
安徽省桐城市	中部	76.15	75	110.57	56	149.73	80
广东省陆河县	东部	77.39	70	108.59	67	149.41	81
福建省连江县	东部	75.62	78	107.24	76	149.20	82
安徽省怀宁县	中部	73.64	100	104.38	93	149.12	83
江西省靖安县	中部	78.54	58	106.94	78	148.99	84
山东省曹县	东部	72.09	111	101.63	108	148.52	85
浙江省长兴县	东部	75.03	83	107.73	71	148.37	86
河南省中牟县	中部	63.28	199	98.01	125	147.82	87
福建省沙县	东部	74.17	93	107.66	72	147.82	88
安徽省黟县	中部	74.06	97	103.48	98	147.64	89
山西省孝义市	中部	56.55	341	96.30	136	147.53	90
河南省商城县	中部	62.79	209	93.06	162	147.35	91
河南省内乡县	中部	58.98	278	97.06	132	147.34	92
福建省仙游县	东部	74.43	91	108.23	69	147.16	93
安徽省岳西县	中部	68.59	136	102.37	105	147.15	94
湖北省恩施市	中部	65.08	181	93.07	161	147.00	95
安徽省芜湖县	中部	70.35	125	104.63	92	146.78	96
河南省汝州市	中部	58.02	296	94.61	146	146.71	97
黑龙江省绥芬河市	东北	79.16	52	108.98	65	146.39	98
福建省连城县	东部	70.87	120	106.78	79	146.07	99
河南省汤阴县	中部	57.18	320	91.85	168	145.56	100

兰考县是百强县中县域普惠金融发展总指数得分排名上升最快的县域。由表5-21可知，在全国县域数字普惠金融百强县排名中，排名上升最快的县为兰考县，2017年兰考县县域数字普惠金融发展指数在全国1884个县域内排名仅为第397位，经过三年发展，兰考县2019年排名为74位，相较2017年上升323位。其排名上升的原因主要是其方面指数服务广度和服务深度得分的增速较快，服务广度得分增长率为340%，约为百强县服务广度得分平均增长率的2倍；服务深度增长率为163%，超过百强县服务广度得分平均增长率六成左右。

表5-21　百强县总指数得分排名上升最快的10个县（市）

县（市）	2019年排名	相对于2017年总排名的上升（位）	2019年方面指数服务广度得分相对于2017年的增长率（%）	2019年方面指数服务深度得分相对于2017年的增长率（%）	2019年方面指数服务质量得分相对于2017年的增长率（%）
河南省兰考县	74	323	340	163	29
河南省修武县	63	262	288	150	40
山西省孝义市	90	251	236	147	54
河南省汤阴县	100	220	279	138	30
河南省汝州市	97	199	268	137	33
河南省内乡县	92	186	242	131	40
山西省河津市	50	184	233	167	38
河南省沁阳市	59	136	227	118	48
山西省侯马市	33	129	196	146	47
河南省商城县	91	118	255	108	20
河南省中牟县	87	112	202	169	30
百强县平均得分增长率			177	98	26

（二）总指数百强县方面指数得分和全国排名比较

表5-22展示了2017—2019年县域数字普惠金融发展指数得分百强县方面指数服务广度的得分和排名情况。其中，2019年方面指数

服务广度百强县得分前十名为：平湖市、义乌市、南昌县并列第一名，得分均为 266.13 分；第四名桐乡市，得分 265.46 分；第五名三河市，得分 263.61 分；第六名永康市，得分 261.28 分；第七名侯马市，得分 261.27 分；第八名安吉县，得分 260.42 分；第九名昆山市，得分 260.35 分；第十名海宁市，得分 259.66 分。在方面指数服务广度排名前十的县中，南昌县作为中部地区的县，排名并列第一，在一定程度上反映出近年来中部地区县域数字普惠金融服务广度水平的快速提升。

表 5-22　　2017—2019 年县域数字普惠金融发展方面指数服务广度百强县得分和排名情况

排名	县（市）	2017 年得分	县（市）	2018 年得分	县（市）	2019 年得分
1	江苏省昆山市	99.00	浙江省平湖市	168.24	浙江省平湖市	266.13
2	江西省共青城市	98.89	江苏省昆山市	168.24	浙江省义乌市	266.13
3	福建省闽侯县	98.71	江西省南昌县	167.99	江西省南昌县	266.13
4	浙江省海宁市	98.22	浙江省嘉善县	167.87	浙江省桐乡市	265.46
5	江西省南昌县	98.18	浙江省海宁市	167.77	河北省三河市	263.61
6	江苏省太仓市	98.12	浙江省乐清市	167.68	浙江省永康市	261.28
7	浙江省嘉善县	97.93	浙江省义乌市	167.43	山西省侯马市	261.27
8	浙江省余姚市	97.73	浙江省余姚市	167.38	浙江省安吉县	260.42
9	浙江省平湖市	97.67	浙江省桐庐县	167.33	江苏省昆山市	260.35
10	江苏省常熟市	97.61	浙江省海盐县	167.33	浙江省海宁市	259.66
11	浙江省海盐县	97.58	浙江省桐乡市	167.30	湖南省长沙县	259.52
12	浙江省桐乡市	97.41	山西省侯马市	167.20	浙江省平阳县	259.24
13	浙江省桐庐县	97.39	浙江省慈溪市	167.17	山西省河津市	259.03
14	浙江省慈溪市	97.37	福建省武夷山市	167.14	浙江省云和县	259.03
15	福建省武夷山市	97.32	河南省新郑市	167.03	浙江省慈溪市	258.33
16	浙江省德清县	97.30	浙江省德清县	166.78	浙江省海盐县	258.14
17	浙江省安吉县	97.13	浙江省东阳市	166.57	广西壮族自治区灵川县	257.93

续表

排名	县（市）	2017年得分	县（市）	2018年得分	县（市）	2019年得分
18	福建省石狮市	96.83	浙江省瑞安市	166.51	福建省福鼎市	257.50
19	浙江省东阳市	96.78	河北省三河市	166.02	浙江省东阳市	257.42
20	湖南省长沙县	96.66	浙江省诸暨市	165.96	山西省孝义市	256.61
21	云南省瑞丽市	96.64	浙江省永康市	165.56	河北省大厂回族自治县	255.88
22	河北省三河市	96.38	福建省闽侯县	165.47	浙江省庆元县	253.74
23	浙江省义乌市	96.37	福建省石狮市	165.43	河南省修武县	253.03
24	浙江省诸暨市	96.36	河北省大厂回族自治县	165.26	河南省新乡县	252.50
25	浙江省宁海县	96.30	浙江省安吉县	165.20	浙江省德清县	252.06
26	浙江省乐清市	96.04	浙江省浦江县	165.13	浙江省嘉善县	251.59
27	浙江省温岭市	95.90	江西省共青城市	165.03	浙江省桐庐县	251.35
28	浙江省永康市	95.57	河南省济源市	164.44	河南省沁阳市	251.35
29	浙江省武义县	95.54	福建省龙海市	164.05	湖北省仙桃市	249.98
30	福建省龙海市	95.52	江苏省常熟市	163.95	浙江省乐清市	249.97
31	浙江省瑞安市	95.23	福建省永安市	163.70	安徽省全椒县	249.59
32	浙江省永嘉县	95.17	福建省德化县	162.88	福建省武夷山市	249.12
33	河北省大厂回族自治县	95.07	浙江省平阳县	162.67	福建省屏南县	248.55
34	浙江省浦江县	95.04	浙江省温岭市	162.61	河南省汤阴县	247.93
35	福建省晋江市	94.81	云南省瑞丽市	162.34	河南省兰考县	247.92
36	广东省惠东县	94.78	浙江省宁海县	161.60	江苏省新沂市	247.57
37	浙江省平阳县	94.59	浙江省武义县	160.59	江苏省沭阳县	246.40
38	河南省新郑市	94.39	山西省河津市	160.09	福建省邵武市	245.98
39	福建省福安市	93.81	浙江省云和县	159.82	河南省新郑市	244.93
40	福建省永安市	93.63	浙江省苍南县	159.79	浙江省余姚市	244.11
41	浙江省苍南县	93.14	福建省连城县	159.75	河南省汝州市	243.95
42	福建省福鼎市	92.79	浙江省庆元县	159.04	河南省内乡县	243.65
43	浙江省新昌县	92.47	河南省孟州市	159.02	河南省镇平县	243.49
44	广东省博罗县	92.33	福建省柘荣县	158.77	河南省济源市	243.09

续表

排名	县（市）	2017年得分	县（市）	2018年得分	县（市）	2019年得分
45	福建省德化县	92.32	浙江省永嘉县	158.37	安徽省宿松县	242.73
46	福建省柘荣县	92.24	河北省高碑店市	158.21	河南省民权县	242.46
47	广东省四会市	92.02	广东省惠东县	158.10	浙江省瑞安市	242.34
48	浙江省云和县	92.02	福建省福安市	157.45	福建省龙海市	241.50
49	福建省沙县	91.37	福建省晋江市	157.38	云南省瑞丽市	241.31
50	广西壮族自治区东兴市	91.31	河南省沁阳市	157.08	陕西省洛川县	241.30
51	浙江省象山县	91.20	福建省福鼎市	156.82	安徽省金寨县	241.23
52	福建省连江县	91.01	福建省漳平市	156.66	福建省寿宁县	241.21
53	黑龙江省绥芬河市	90.72	广西壮族自治区东兴市	156.38	福建省永安市	241.21
54	浙江省建德市	90.49	河南省新乡县	155.60	江西省共青城市	240.27
55	浙江省长兴县	90.29	浙江省长兴县	155.56	福建省石狮市	239.32
56	福建省连城县	90.05	河北省清河县	155.55	福建省闽侯县	238.46
57	河北省高碑店市	89.79	湖南省长沙县	155.50	湖北省巴东县	237.61
58	浙江省庆元县	89.15	黑龙江省绥芬河市	154.93	浙江省诸暨市	237.35
59	福建省南安市	88.85	广东省博罗县	154.93	浙江省浦江县	237.22
60	江苏省张家港市	88.63	山西省孝义市	154.87	河南省商城县	236.74
61	江苏省海门市	88.24	广东省陆河县	154.02	河南省中牟县	236.70
62	浙江省临海市	88.22	广东省四会市	153.74	福建省霞浦县	236.47
63	山西省侯马市	88.21	广西壮族自治区灵川县	153.67	河南省孟州市	236.37
64	福建省仙游县	87.96	浙江省三门县	153.59	福建省德化县	236.10
65	福建省惠安县	87.78	江苏省太仓市	153.58	山东省曹县	236.01
66	福建省漳平市	87.75	福建省屏南县	153.34	河南省渑池县	235.93
67	福建省邵武市	87.69	福建省沙县	153.34	河北省清河县	235.82
68	广东省海丰县	87.58	安徽省全椒县	153.23	江苏省常熟市	235.81
69	广东省陆河县	87.48	安徽省桐城市	152.87	江西省黎川县	234.98
70	浙江省三门县	87.17	浙江省象山县	151.11	浙江省温岭市	234.82
71	江苏省江阴市	86.98	福建省南安市	150.89	浙江省武义县	234.67

续表

排名	县（市）	2017年得分	县（市）	2018年得分	县（市）	2019年得分
72	福建省南靖县	86.63	江苏省新沂市	150.79	浙江省宁海县	233.73
73	福建省霞浦县	86.50	福建省仙游县	150.64	河北省高碑店市	233.69
74	浙江省缙云县	86.31	江苏省沭阳县	149.76	湖北省京山市	233.63
75	福建省屏南县	86.04	河南省兰考县	149.66	贵州省玉屏侗族自治县	233.50
76	浙江省松阳县	85.57	福建省云霄县	149.44	广东省惠东县	232.81
77	福建省云霄县	85.52	福建省南靖县	149.16	广西壮族自治区蒙山县	232.69
78	浙江省天台县	85.19	福建省连江县	148.86	福建省柘荣县	232.23
79	江苏省丹阳市	84.57	河南省博爱县	148.47	山东省诸城市	231.71
80	河北省香河县	84.50	河南省内乡县	148.14	湖北省恩施市	231.36
81	江苏省宜兴市	84.42	江苏省海门市	148.07	广西壮族自治区东兴市	230.79
82	福建省寿宁县	84.41	安徽省芜湖县	148.06	江西省永丰县	230.41
83	浙江省龙泉市	84.28	山西省永济市	147.88	浙江省苍南县	230.29
84	河南省新乡县	83.80	河北省肃宁县	147.83	浙江省永嘉县	229.80
85	湖北省仙桃市	83.77	河南省镇平县	147.19	福建省晋江市	229.72
86	安徽省桐城市	83.67	陕西省洛川县	146.97	河南省滑县	229.56
87	广东省普宁市	83.57	安徽省岳西县	146.73	安徽省怀宁县	228.33
88	江苏省沭阳县	83.15	浙江省建德市	146.73	福建省漳平市	227.99
89	安徽省肥西县	82.93	浙江省新昌县	146.69	安徽省岳西县	227.68
90	江苏省句容市	82.74	安徽省宿松县	146.63	广东省博罗县	227.54
91	浙江省仙居县	82.74	广东省海丰县	146.30	江西省万载县	227.38
92	福建省安溪县	82.53	安徽省怀宁县	146.04	福建省连城县	227.20
93	江西省靖安县	82.42	广东省普宁市	145.99	广东省陆河县	227.05
94	湖北省枝江市	81.99	福建省霞浦县	145.35	山西省沁源县	226.90
95	安徽省芜湖县	81.80	福建省寿宁县	145.17	山东省曲阜市	226.77
96	河北省清河县	81.70	福建省惠安县	144.86	湖北省咸丰县	226.63
97	江苏省新沂市	81.62	河南省中牟县	144.52	湖北省竹山县	226.51
98	浙江省嵊州市	81.53	江西省靖安县	144.42	浙江省长兴县	226.23

续表

排名	县（市）	2017年得分	县（市）	2018年得分	县（市）	2019年得分
99	福建省政和县	81.32	江西省黎川县	143.91	福建省福安市	226.09
100	河南省济源市	80.87	湖北省仙桃市	143.58	广东省英德市	226.06

在2019年县域数字普惠金融发展总指数百强县方面指数服务广度得分排名中，义乌市的排名从2017年的第23名升至2019年的第2名，服务广度得分的大幅提升是其最终排名成为县域数字普惠金融发展总指数得分百强县榜首的主要原因。此外，对于2019年总指数百强县方面指数县域数字普惠金融服务广度得分排名中第84—100位的县（市）（四会市—平乡县），其方面指数排名已经跌出该方面指数百强县的行列，因此，对于这些百强县而言，未来还需进一步提升县域普惠金融服务广度水平（见表5-23）。

表5-23　2019年县域数字普惠金融发展总指数百强县方面指数服务广度得分和全国排名

县（市）	地区	2017年得分和全国排名		2018年得分和全国排名		2019年得分和全国排名	
		得分	排名	得分	排名	得分	排名
浙江省平湖市	东部	97.67	9	168.24	1	266.13	1
浙江省义乌市	东部	96.37	23	167.43	7	266.13	2
江西省南昌县	中部	98.16	5	167.99	3	266.13	3
浙江省桐乡市	东部	97.41	12	167.30	11	265.46	4
河北省三河市	东部	96.38	22	166.02	19	263.61	5
浙江省永康市	东部	95.57	28	165.56	21	261.28	6
山西省侯马市	中部	88.21	63	167.20	12	261.27	7
浙江省安吉县	东部	97.13	17	165.20	25	260.42	8
江苏省昆山市	东部	99.00	1	168.24	2	260.35	9
浙江省海宁市	东部	98.22	4	167.77	5	259.66	10
湖南省长沙县	中部	96.66	20	155.50	57	259.52	11
浙江省平阳县	东部	94.59	37	162.67	33	259.24	12

续表

县（市）	地区	2017年得分和全国排名		2018年得分和全国排名		2019年得分和全国排名	
		得分	排名	得分	排名	得分	排名
山西省河津市	中部	77.72	114	160.09	38	259.03	13
浙江省云和县	东部	92.02	48	159.82	39	259.03	14
浙江省慈溪市	东部	97.37	14	167.17	13	258.33	15
浙江省海盐县	东部	97.58	11	167.33	10	258.14	16
广西壮族自治区灵川县	西部	79.19	106	153.67	63	257.93	17
福建省福鼎市	东部	92.79	42	156.82	51	257.50	18
浙江省东阳市	东部	96.78	19	166.57	17	257.42	19
山西省孝义市	中部	76.28	122	154.87	60	256.61	20
河北省大厂回族自治县	东部	95.07	33	165.26	24	255.88	21
浙江省庆元县	东部	89.15	58	159.04	42	253.74	22
河南省修武县	中部	65.15	218	133.34	135	253.03	23
河南省新乡县	中部	83.80	84	155.60	54	252.50	24
浙江省德清县	东部	97.30	16	166.78	16	252.06	25
浙江省嘉善县	东部	97.93	7	167.87	4	251.59	26
浙江省桐庐县	东部	97.39	13	167.33	9	251.35	27
河南省沁阳市	中部	76.98	120	157.08	50	251.35	28
湖北省仙桃市	中部	83.77	85	143.58	100	249.98	29
浙江省乐清市	东部	96.04	26	167.68	6	249.97	30
安徽省全椒县	中部	78.19	111	153.23	68	249.59	31
福建省武夷山市	东部	97.32	15	167.14	14	249.12	32
福建省屏南县	东部	86.04	75	153.34	66	248.55	33
河南省汤阴县	中部	65.35	212	139.18	117	247.93	34
河南省兰考县	中部	56.38	341	149.66	75	247.92	35
江苏省新沂市	东部	81.62	97	150.79	72	247.57	36
江苏省沭阳县	东部	83.15	88	149.76	74	246.40	37
福建省邵武市	东部	87.69	67	142.40	104	245.98	38
河南省新郑市	中部	94.39	38	167.03	15	244.93	39
浙江省余姚市	东部	97.73	8	167.38	8	244.11	40
河南省汝州市	中部	66.26	199	139.84	116	243.95	41

续表

县（市）	地区	2017年得分和全国排名		2018年得分和全国排名		2019年得分和全国排名	
		得分	排名	得分	排名	得分	排名
河南省内乡县	中部	71.24	160	148.14	80	243.65	42
河南省镇平县	中部	77.41	116	147.19	85	243.49	43
河南省济源市	中部	80.87	100	164.44	28	243.09	44
安徽省宿松县	中部	78.50	108	146.63	90	242.73	45
浙江省瑞安市	东部	95.23	31	166.51	18	242.34	47
福建省龙海市	东部	95.52	30	164.05	29	241.50	48
云南省瑞丽市	西部	96.64	21	162.34	35	241.31	49
安徽省金寨县	中部	76.34	121	134.82	126	241.23	51
福建省寿宁县	东部	84.41	82	145.17	95	241.21	52
福建省永安市	东部	93.63	40	163.70	31	241.21	53
江西省共青城市	中部	98.89	2	165.03	27	240.27	54
福建省石狮市	东部	96.83	18	165.43	23	239.32	55
福建省闽侯县	东部	98.71	3	165.47	22	238.46	56
浙江省诸暨市	东部	96.36	24	165.96	20	237.35	58
浙江省浦江县	东部	95.04	34	165.13	26	237.22	59
河南省商城县	中部	66.68	197	128.11	152	236.74	60
河南省中牟县	中部	78.31	110	144.52	97	236.70	61
福建省霞浦县	东部	86.50	73	145.35	94	236.47	62
河南省孟州市	中部	75.97	126	159.02	43	236.37	63
福建省德化县	东部	92.32	45	162.88	32	236.10	64
山东省曹县	东部	72.64	153	140.17	114	236.01	65
河北省清河县	东部	81.70	96	155.55	56	235.82	67
江苏省常熟市	东部	97.61	10	163.95	30	235.81	68
江西省黎川县	中部	79.57	104	143.91	99	234.98	69
浙江省温岭市	东部	95.90	27	162.61	34	234.82	70
浙江省武义县	东部	95.54	29	160.59	37	234.67	71
浙江省宁海县	东部	96.30	25	161.60	36	233.73	72
河北省高碑店市	东部	89.79	57	158.21	46	233.69	73
广东省惠东县	东部	94.78	36	158.10	47	232.81	76

续表

县（市）	地区	2017年得分和全国排名		2018年得分和全国排名		2019年得分和全国排名	
		得分	排名	得分	排名	得分	排名
福建省柘荣县	东部	92.24	46	158.77	44	232.23	78
湖北省恩施市	中部	72.40	155	122.23	185	231.36	80
广西壮族自治区东兴市	西部	91.31	50	156.38	53	230.79	81
浙江省苍南县	东部	93.14	41	159.79	40	230.29	83
浙江省永嘉县	东部	95.17	32	158.37	45	229.80	84
福建省晋江市	东部	94.81	35	157.38	49	229.72	85
安徽省怀宁县	中部	78.05	112	146.04	92	228.33	87
安徽省岳西县	中部	79.66	103	146.73	87	227.68	89
广东省博罗县	东部	92.33	44	154.93	59	227.54	90
福建省连城县	东部	90.05	56	159.75	41	227.20	92
广东省陆河县	东部	87.48	69	154.02	61	227.05	93
浙江省长兴县	东部	90.29	55	155.56	55	226.23	98
福建省福安市	东部	93.81	39	157.45	48	226.09	99
广东省四会市	东部	92.02	47	153.74	62	225.14	103
福建省沙县	东部	91.37	49	153.34	67	224.52	106
黑龙江省绥芬河市	东北	90.72	53	154.93	58	223.96	107
福建省南安市	东部	88.85	59	150.89	71	221.84	115
江西省靖安县	中部	82.42	93	144.42	98	220.83	117
安徽省桐城市	中部	83.67	86	152.87	69	220.30	120
福建省连江县	东部	91.01	52	148.86	78	218.74	129
福建省仙游县	东部	87.96	64	150.64	73	218.73	130
广东省海丰县	东部	87.58	68	146.30	91	218.07	133
安徽省芜湖县	中部	81.80	95	148.06	82	217.28	134
江苏省太仓市	东部	98.12	6	153.58	65	217.05	135
广东省普宁市	东部	83.57	87	145.99	93	214.14	143
福建省安溪县	东部	82.53	92	143.53	101	213.38	147
浙江省天台县	东部	85.19	78	142.32	105	211.74	152
浙江省龙泉市	东部	84.28	83	141.75	108	211.42	153
安徽省黟县	中部	80.79	101	137.96	119	205.99	171
河北省平乡县	东部	73.18	150	136.02	124	195.99	202

表 5-24 展示了 2017—2019 年县域数字普惠金融发展指数方面指数服务深度百强县得分和排名情况。其中，2019 年方面指数服务深度百强县得分前十名为：第一名永嘉县，得分 153.80 分；第二名乐清市，得分 151.91 分；第三名浦江县，得分 151.85 分；第四名永康市，得分 149.91 分；第五名东阳市，得分 149.46 分；第六名义乌市，得分 148.80 分；第七名瑞安市，得分 148.35 分；第八名闽侯县，得分 148.19 分；第九名天台县，得分 147.77 分；第十名高碑店市，得分 145.38 分。

表 5-24 2017—2019 年县域数字普惠金融发展指数方面指数服务深度百强县得分和排名情况

排名	县（市）	2017 年得分	县（市）	2018 年得分	县（市）	2019 年得分
1	浙江省天台县	82.45	浙江省永嘉县	103.25	浙江省永嘉县	153.80
2	浙江省永嘉县	81.93	浙江省天台县	102.78	浙江省乐清市	151.91
3	浙江省永康市	81.04	浙江省浦江县	102.74	浙江省浦江县	151.85
4	浙江省浦江县	80.59	浙江省永康市	101.54	浙江省永康市	149.91
5	浙江省云和县	80.45	浙江省武义县	100.61	浙江省东阳市	149.46
6	浙江省庆元县	80.12	浙江省东阳市	100.23	浙江省义乌市	148.80
7	浙江省瑞安市	79.52	浙江省云和县	99.84	浙江省瑞安市	148.35
8	浙江省东阳市	79.21	浙江省乐清市	99.82	福建省闽侯县	148.19
9	浙江省武义县	78.65	浙江省义乌市	99.79	浙江省天台县	147.77
10	浙江省缙云县	78.48	福建省闽侯县	99.46	河北省高碑店市	145.38
11	安徽省泾县	78.45	浙江省平阳县	99.42	浙江省武义县	145.17
12	浙江省龙泉市	78.31	河北省高碑店市	98.99	浙江省苍南县	144.23
13	浙江省义乌市	78.27	浙江省瑞安市	98.92	浙江省云和县	143.65
14	浙江省苍南县	77.35	福建省石狮市	98.47	福建省安溪县	143.11
15	福建省安溪县	77.26	浙江省苍南县	97.96	浙江省平阳县	142.11
16	浙江省安吉县	77.11	浙江省仙居县	96.44	福建省柘荣县	142.11
17	福建省石狮市	76.64	浙江省龙泉市	96.32	河北省平乡县	141.62
18	浙江省泰顺县	76.35	河北省平乡县	96.06	浙江省桐乡市	141.31

第五章 中国县域数字普惠金融发展指数的得分与排名 | 107

续表

排名	县（市）	2017年得分	县（市）	2018年得分	县（市）	2019年得分
19	浙江省温岭市	76.02	福建省安溪县	95.45	浙江省温岭市	140.87
20	浙江省平阳县	76.02	浙江省庆元县	95.35	福建省石狮市	140.46
21	浙江省桐乡市	76.02	浙江省安吉县	94.88	浙江省龙泉市	140.33
22	浙江省临海市	75.96	浙江省桐乡市	94.73	浙江省安吉县	139.08
23	江西省靖安县	75.76	河北省三河市	94.55	浙江省海宁市	138.60
24	河北省南宫市	75.61	广东省惠东县	94.53	浙江省庆元县	138.00
25	福建省德化县	75.10	浙江省温岭市	94.34	河北省三河市	137.95
26	浙江省仙居县	74.67	福建省屏南县	94.24	安徽省桐城市	136.42
27	浙江省乐清市	74.44	福建省德化县	94.19	福建省德化县	136.31
28	河北省高碑店市	74.36	浙江省缙云县	93.91	福建省福鼎市	135.78
29	浙江省松阳县	74.21	浙江省泰顺县	93.52	浙江省仙居县	135.44
30	福建省晋江市	74.02	福建省霞浦县	93.13	江西省靖安县	135.41
31	福建省南安市	73.88	江苏省睢宁县	93.05	安徽省黟县	135.19
32	广东省饶平县	73.19	福建省柘荣县	92.59	浙江省余姚市	135.08
33	河北省大厂回族自治县	73.05	江西省靖安县	92.31	福建省晋江市	134.92
34	福建省闽侯县	73.01	广东省普宁市	92.04	江苏省常熟市	134.65
35	福建省福安市	72.98	福建省晋江市	91.97	广东省普宁市	134.25
36	福建省屏南县	72.90	安徽省桐城市	91.97	浙江省诸暨市	134.10
37	福建省福鼎市	72.89	浙江省海宁市	90.59	广东省南澳县	133.74
38	浙江省建德市	72.87	江西省黎川县	90.43	江苏省昆山市	133.63
39	江西省广昌县	72.83	福建省福鼎市	89.95	广东省惠东县	133.55
40	江苏省常熟市	72.76	江苏省沭阳县	89.95	浙江省缙云县	133.49
41	浙江省宁海县	72.52	浙江省余姚市	89.81	云南省瑞丽市	133.26
42	浙江省海宁市	72.47	江苏省常熟市	89.55	浙江省嘉善县	133.18
43	河北省三河市	72.36	福建省武夷山市	89.45	浙江省桐庐县	133.18
44	江苏省睢宁县	72.22	浙江省诸暨市	89.36	浙江省慈溪市	132.99
45	浙江省兰溪市	72.14	浙江省临海市	89.28	安徽省休宁县	132.81
46	福建省霞浦县	71.95	浙江省慈溪市	88.70	福建省连江县	132.48

续表

排名	县（市）	2017年得分	县（市）	2018年得分	县（市）	2019年得分
47	广西壮族自治区东兴市	71.82	福建省南安市	88.50	广东省海丰县	132.48
48	浙江省三门县	71.53	云南省瑞丽市	88.29	安徽省全椒县	131.90
49	浙江省文成县	71.46	广东省海丰县	88.27	浙江省平湖市	131.41
50	浙江省平湖市	71.40	浙江省宁海县	88.13	福建省武夷山市	130.37
51	浙江省诸暨市	71.35	浙江省三门县	87.92	福建省屏南县	130.28
52	广东省惠东县	71.13	河北省大厂回族自治县	87.84	浙江省宁海县	130.11
53	浙江省嵊州市	71.11	浙江省平湖市	87.62	河北省容城县	129.97
54	广东省普宁市	71.06	安徽省休宁县	87.55	浙江省泰顺县	129.34
55	安徽省绩溪县	70.97	安徽省望江县	87.41	浙江省德清县	129.14
56	浙江省磐安县	70.92	福建省连江县	87.35	福建省霞浦县	129.14
57	浙江省余姚市	70.82	河北省南宫市	86.89	福建省南安市	128.46
58	辽宁省兴城市	70.52	福建省福安市	86.88	安徽省怀宁县	128.41
59	江西省上犹县	70.36	浙江省桐庐县	86.48	河北省清河县	128.37
60	安徽省桐城市	70.29	江苏省海门市	86.35	河北省大厂回族自治县	128.30
61	浙江省慈溪市	70.24	福建省仙游县	86.33	浙江省临海市	127.18
62	福建省武夷山市	70.17	浙江省松阳县	86.21	安徽省太湖县	126.95
63	江苏省海门市	70.16	河北省清河县	85.96	江西省黎川县	126.84
64	安徽省望江县	70.16	安徽省泾县	85.86	广东省陆河县	126.67
65	江西省黎川县	69.96	广东省南澳县	85.70	浙江省松阳县	126.61
66	浙江省桐庐县	69.72	河北省容城县	85.50	安徽省歙县	126.50
67	河北省平乡县	69.37	广东省饶平县	85.27	江苏省太仓市	125.89
68	江苏省沭阳县	69.11	江苏省昆山市	85.22	浙江省海盐县	125.88
69	福建省政和县	69.09	广东省陆河县	85.16	山西省侯马市	125.74
70	浙江省淳安县	69.07	浙江省嘉善县	85.11	福建省仙游县	124.79
71	江苏省丹阳市	68.99	福建省政和县	84.81	山西省芮城县	124.45
72	福建省松溪县	68.62	湖北省仙桃市	84.60	福建省福安市	124.44

续表

排名	县（市）	2017年得分	县（市）	2018年得分	县（市）	2019年得分
73	福建省柘荣县	68.36	广西壮族自治区东兴市	84.56	江苏省睢宁县	124.23
74	云南省瑞丽市	68.25	浙江省兰溪市	84.56	湖北省石首市	123.73
75	浙江省新昌县	68.19	安徽省全椒县	84.43	安徽省肥西县	123.60
76	福建省寿宁县	68.19	辽宁省兴城市	84.25	湖北省仙桃市	123.31
77	浙江省嘉善县	68.15	福建省平潭县	83.91	广东省四会市	123.28
78	浙江省江山市	67.93	浙江省磐安县	83.89	江苏省沭阳县	123.27
79	安徽省休宁县	67.58	福建省惠安县	83.87	安徽省芜湖县	123.26
80	江西省玉山县	67.57	江苏省太仓市	83.33	安徽省岳西县	123.11
81	广东省兴宁市	67.42	浙江省德清县	82.94	福建省寿宁县	121.79
82	浙江省遂昌县	67.12	西藏自治区噶尔县	82.93	西藏自治区噶尔县	121.69
83	河北省容城县	67.01	江西省广昌县	82.83	安徽省金寨县	121.63
84	湖北省石首市	66.99	安徽省怀宁县	82.81	江苏省海门市	121.56
85	福建省仙游县	66.75	浙江省嵊州市	82.73	河南省固始县	121.39
86	广东省南澳县	66.72	湖北省石首市	82.72	浙江省嵊州市	121.24
87	福建省平潭县	66.51	安徽省太湖县	82.58	河南省新郑市	120.91
88	安徽省全椒县	66.25	浙江省建德市	81.92	广东省饶平县	120.30
89	江苏省兴化市	66.20	安徽省黟县	81.89	福建省政和县	120.10
90	浙江省海盐县	66.00	福建省沙县	81.77	福建省惠安县	120.01
91	福建省连江县	65.98	湖北省恩施市	81.29	浙江省三门县	119.70
92	浙江省德清县	65.97	浙江省淳安县	81.21	福建省沙县	119.38
93	江西省乐安县	65.94	江苏省丹阳市	81.02	福建省龙海市	119.17
94	江苏省太仓市	65.93	安徽省金寨县	80.77	浙江省建德市	119.06
95	广东省丰顺县	65.88	安徽省肥西县	80.61	湖北省恩施市	118.98
96	广东省海丰县	65.70	河南省固始县	80.55	安徽省泾县	118.64
97	湖北省恩施市	65.52	浙江省海盐县	80.44	江西省铜鼓县	118.59
98	江西省余干县	65.46	江西省余干县	80.33	山西省永济市	118.55
99	浙江省龙游县	65.38	河北省高阳县	80.19	福建省云霄县	118.33
100	安徽省黟县	65.28	安徽省歙县	80.05	浙江省新昌县	118.25

在 2019 年县域数字普惠金融发展总指数百强县中，方面指数服务深度得分排名前 7 的县全部位于浙江省，这应该与浙江省一直以来重视农村金融服务发展和较早推动数字经济和互联网金融发展有关。此外，2019 年总指数百强县，方面指数服务深度得分排名第 73—100 位的县（市）（博罗县—孝义市）其在 2019 年的方面指数排名已经跌出该方面指数百强县的行列，因此，对于这些总指数得分百强县而言，未来还需进一步提升县域数字普惠金融服务深度水平（见表 5-25）。

表 5-25　2019 年县域数字普惠金融发展总指数百强县方面指数服务深度得分和全国排名

县（市）	地区	2017 年得分和全国排名		2018 年得分和全国排名		2019 年得分和全国排名	
		得分	排名	得分	排名	得分	排名
浙江省永嘉县	东部	81.93	2	103.25	1	153.80	1
浙江省乐清市	东部	74.44	27	99.82	8	151.91	2
浙江省浦江县	东部	80.59	4	102.74	3	151.85	3
浙江省永康市	东部	81.04	3	101.54	4	149.91	4
浙江省东阳市	东部	79.21	8	100.23	6	149.46	5
浙江省义乌市	东部	78.27	13	99.79	9	148.80	6
浙江省瑞安市	东部	79.52	7	98.92	13	148.35	7
福建省闽侯县	东部	73.01	34	99.46	10	148.19	8
浙江省天台县	东部	82.45	1	102.78	2	147.77	9
河北省高碑店市	东部	74.36	28	98.99	12	145.38	10
浙江省武义县	东部	78.65	9	100.61	5	145.17	11
浙江省苍南县	东部	77.35	14	97.96	15	144.23	12
浙江省云和县	东部	80.45	5	99.84	7	143.65	13
福建省安溪县	东部	77.26	15	95.45	19	143.11	14
浙江省平阳县	东部	76.02	20	99.42	11	142.11	15
福建省柘荣县	东部	68.36	73	92.59	32	142.11	16
河北省平乡县	东部	69.37	67	96.06	18	141.62	17
浙江省桐乡市	东部	76.02	21	94.73	22	141.31	18
浙江省温岭市	东部	76.02	19	94.34	25	140.87	19
福建省石狮市	东部	76.64	17	98.47	14	140.46	20

续表

县（市）	地区	2017年得分和全国排名		2018年得分和全国排名		2019年得分和全国排名	
		得分	排名	得分	排名	得分	排名
浙江省龙泉市	东部	78.31	12	96.32	17	140.33	21
浙江省安吉县	东部	77.11	16	94.88	21	139.08	22
浙江省海宁市	东部	72.47	42	90.59	37	138.60	23
浙江省庆元县	东部	80.12	6	95.35	20	138.00	24
河北省三河市	东部	72.36	43	94.55	23	137.95	25
安徽省桐城市	中部	70.29	60	91.97	36	136.42	26
福建省德化县	东部	75.10	25	94.19	27	136.31	27
福建省福鼎市	东部	72.89	37	89.95	39	135.78	28
江西省靖安县	中部	75.76	23	92.31	33	135.41	30
安徽省黟县	中部	65.28	100	81.89	89	135.19	31
浙江省余姚市	东部	70.82	57	89.81	41	135.08	32
福建省晋江市	东部	74.02	30	91.97	35	134.92	33
江苏省常熟市	东部	72.76	40	89.55	42	134.65	34
广东省普宁市	东部	71.06	54	92.04	34	134.25	35
浙江省诸暨市	东部	71.35	51	89.36	44	134.10	36
江苏省昆山市	东部	62.61	125	85.22	68	133.63	38
广东省惠东县	东部	71.13	52	94.53	24	133.55	39
云南省瑞丽市	西部	68.25	74	88.29	48	133.26	41
浙江省嘉善县	东部	68.15	77	85.11	70	133.18	42
浙江省桐庐县	东部	69.72	66	86.48	59	133.18	43
浙江省慈溪市	东部	70.24	61	88.70	46	132.99	44
福建省连江县	东部	65.98	91	87.35	56	132.48	46
广东省海丰县	东部	65.70	96	88.27	49	132.48	47
安徽省全椒县	中部	66.25	88	84.43	75	131.90	48
浙江省平湖市	东部	71.40	50	87.62	53	131.41	49
福建省武夷山市	东部	70.17	62	89.45	43	130.37	50
福建省屏南县	东部	72.90	36	94.24	26	130.28	51
浙江省宁海县	东部	72.52	41	88.13	50	130.11	52
浙江省德清县	东部	65.97	92	82.94	81	129.14	55

续表

县（市）	地区	2017年得分和全国排名		2018年得分和全国排名		2019年得分和全国排名	
		得分	排名	得分	排名	得分	排名
福建省霞浦县	东部	71.95	46	93.13	30	129.14	56
福建省南安市	东部	73.88	31	88.50	47	128.46	57
安徽省怀宁县	中部	62.42	126	82.81	84	128.41	58
河北省清河县	东部	64.22	106	85.96	63	128.37	59
河北省大厂回族自治县	东部	73.05	33	87.84	52	128.30	60
江西省黎川县	中部	69.96	65	90.43	38	126.84	63
广东省陆河县	东部	65.24	101	85.16	69	126.67	64
江苏省太仓市	东部	65.93	94	83.33	80	125.89	67
浙江省海盐县	东部	66.00	90	80.44	97	125.88	68
山西省侯马市	中部	51.12	316	76.23	128	125.74	69
福建省仙游县	东部	66.75	85	86.33	61	124.79	70
福建省福安市	东部	72.98	35	86.88	58	124.44	72
湖北省仙桃市	中部	61.63	137	84.60	72	123.31	76
广东省四会市	东部	52.97	274	75.11	141	123.28	77
江苏省沭阳县	东部	69.11	68	89.95	40	123.27	78
安徽省芜湖县	中部	59.41	168	77.59	116	123.26	79
安徽省岳西县	中部	59.04	173	77.89	114	123.11	80
福建省寿宁县	东部	68.19	76	79.69	103	121.79	81
安徽省金寨县	中部	63.94	108	80.77	94	121.63	83
河南省新郑市	中部	53.35	267	74.74	145	120.91	87
福建省沙县	东部	63.32	115	81.77	90	119.38	92
福建省龙海市	东部	63.56	112	80.00	101	119.17	93
湖北省恩施市	中部	65.52	97	81.29	91	118.98	95
广东省博罗县	东部	55.60	230	75.83	132	117.26	105
浙江省长兴县	东部	62.39	127	77.13	120	116.60	108
江西省共青城市	中部	55.44	233	78.20	112	116.41	109
安徽省宿松县	中部	61.33	139	79.34	105	116.35	110
河南省商城县	中部	55.75	226	72.35	166	116.15	111
广西壮族自治区东兴市	西部	71.82	47	84.56	73	114.87	118

续表

县（市）	地区	2017年得分和全国排名		2018年得分和全国排名		2019年得分和全国排名	
		得分	排名	得分	排名	得分	排名
湖南省长沙县	中部	60.16	158	76.79	123	114.58	120
江西省南昌县	中部	58.51	180	78.76	108	114.42	122
福建省连城县	东部	60.22	157	74.79	144	114.02	125
福建省永安市	东部	59.04	172	73.70	155	113.81	126
福建省邵武市	东部	60.90	145	74.72	146	112.64	135
河南省济源市	中部	47.20	438	66.97	219	111.30	139
河南省新乡县	中部	48.57	393	70.08	186	111.07	141
河南省镇平县	中部	57.99	186	68.74	200	109.90	144
山东省曹县	东部	57.49	198	72.80	163	109.88	146
山西省河津市	中部	41.15	683	67.15	217	109.83	147
黑龙江省绥芬河市	东北	64.26	104	75.91	131	108.16	155
广西壮族自治区灵川县	西部	55.28	237	77.02	122	107.17	160
江苏省新沂市	东部	57.47	199	70.76	180	107.14	161
河南省内乡县	中部	45.31	506	62.39	286	104.67	184
河南省孟州市	中部	48.41	399	65.93	232	104.61	185
河南省兰考县	中部	39.06	821	65.13	246	102.77	197
河南省中牟县	中部	37.93	907	59.45	335	101.87	203
河南省修武县	中部	40.00	750	58.96	344	99.98	226
河南省沁阳市	中部	45.28	508	61.79	296	98.74	239
河南省汝州市	中部	41.46	668	59.82	328	98.25	246
河南省汤阴县	中部	37.40	948	50.64	599	89.03	342
山西省孝义市	中部	35.67	1064	50.49	607	88.29	355

表5-26展示了2017—2019年县域数字普惠金融发展方面指数服务质量百强县得分和排名情况。其中，2019年方面指数服务质量百强县得分前十名为：第一名云和县，得分114.98分；第二名东阳市，得分110.97分；第三名平湖市，得分110.44分；第四名平阳县，得分110.07分；第五名桐乡市，得分109.98分；第六名武义县，得分

109.73 分;第七名高碑店市,得分 108.94 分;第八名义乌市,得分 108.37 分;第九名浦江县,得分 108.27 分;第十名清河县,得分 107.88 分。

表 5-26　　2017—2019 年县域数字普惠金融发展方面指数
服务质量百强县得分和排名情况

排名	县(市)	2017 年得分	县(市)	2018 年得分	县(市)	2019 年得分
1	浙江省云和县	97.09	浙江省云和县	109.07	浙江省云和县	114.98
2	河北省晋州市	94.82	浙江省东阳市	105.06	浙江省东阳市	110.97
3	河北省平乡县	93.71	河北省晋州市	104.17	浙江省平湖市	110.44
4	浙江省东阳市	93.09	浙江省桐乡市	104.07	浙江省平阳县	110.07
5	河北省容城县	91.89	河北省平乡县	104.00	浙江省桐乡市	109.98
6	河北省清河县	91.74	河北省清河县	103.72	浙江省武义县	109.73
7	江苏省东海县	91.40	浙江省平湖市	103.12	河北省高碑店市	108.94
8	河北省高碑店市	91.06	河北省高碑店市	103.03	浙江省义乌市	108.37
9	河北省高阳县	90.59	浙江省义乌市	102.46	浙江省浦江县	108.27
10	浙江省义乌市	90.49	浙江省浦江县	102.36	河北省清河县	107.88
11	浙江省浦江县	90.39	浙江省平阳县	102.36	浙江省温岭市	107.27
12	河北省枣强县	90.17	河北省容城县	102.18	江苏省太仓市	107.19
13	浙江省龙泉市	89.83	江苏省太仓市	101.98	河南省长葛市	107.16
14	浙江省温岭市	89.39	浙江省温岭市	101.36	河北省平乡县	106.99
15	河北省深泽县	89.27	福建省安溪县	101.32	浙江省德清县	106.74
16	河北省肃宁县	89.20	浙江省武义县	100.84	广东省普宁市	106.57
17	江苏省睢宁县	88.95	广东省普宁市	100.66	浙江省安吉县	106.32
18	安徽省泾县	88.94	浙江省安吉县	100.41	浙江省慈溪市	106.12
19	广东省普宁市	88.68	江西省共青城市	100.23	江西省共青城市	105.66
20	河北省南宫市	88.54	安徽省肥西县	100.19	河北省晋州市	105.60
21	山东省曹县	88.48	浙江省德清县	100.19	浙江省诸暨市	105.59
22	浙江省桐乡市	88.40	江苏省丹阳市	99.26	浙江省余姚市	105.26
23	福建省安溪县	88.35	河北省高阳县	99.08	福建省安溪县	105.23
24	江西省共青城市	88.08	河北省固安县	98.92	河北省容城县	105.20

续表

排名	县（市）	2017年得分	县（市）	2018年得分	县（市）	2019年得分
25	河南省虞城县	87.96	浙江省慈溪市	98.58	湖南省吉首市	105.04
26	河北省三河市	87.91	河南省长葛市	98.48	安徽省肥西县	104.68
27	青海省贵南县	87.81	河北省正定县	98.42	河北省正定县	104.66
28	河南省夏邑县	87.40	河北省枣强县	98.42	河南省长垣县	104.31
29	江苏省兴化市	87.39	浙江省诸暨市	98.40	浙江省乐清市	104.22
30	河北省鸡泽县	86.89	河北省三河市	98.30	河北省三河市	103.93
31	江苏省邳州市	86.76	河南省长垣县	98.27	广东省海丰县	103.68
32	浙江省安吉县	86.74	吉林省延吉市	98.23	浙江省海盐县	103.59
33	河北省安国市	86.69	浙江省乐清市	97.63	湖南省长沙县	103.58
34	河北省固安县	86.69	江苏省东海县	97.42	浙江省苍南县	103.35
35	河北省望都县	86.47	浙江省苍南县	97.19	河北省香河县	103.13
36	浙江省平阳县	86.22	河北省香河县	96.66	河南省新郑市	103.08
37	河北省宁晋县	86.21	浙江省海盐县	96.51	河北省固安县	102.98
38	河北省正定县	86.05	浙江省永嘉县	96.49	甘肃省永登县	102.77
39	河南省长垣县	86.03	河北省辛集市	96.34	河北省大厂回族自治县	102.68
40	吉林省延吉市	85.73	浙江省余姚市	96.13	浙江省海宁市	102.59
41	江苏省太仓市	85.60	浙江省嘉善县	96.03	浙江省瑞安市	102.49
42	河北省永清县	85.42	河南省新郑市	95.89	浙江省永嘉县	102.42
43	江西省进贤县	85.32	浙江省永康市	95.89	江苏省丹阳市	102.28
44	浙江省德清县	85.06	河北省宁晋县	95.88	福建省武夷山市	102.15
45	江苏省沭阳县	84.93	浙江省瑞安市	95.80	河南省孟州市	101.91
46	河北省广宗县	84.86	河北省大厂回族自治县	95.70	安徽省长丰县	101.81
47	浙江省平湖市	84.78	福建省石狮市	95.55	浙江省永康市	101.79
48	江苏省新沂市	84.75	广东省海丰县	95.45	河北省邢台县	101.47
49	河北省定州市	84.68	山东省胶州市	95.44	河南省沁阳市	101.46
50	河北省雄县	84.57	河北省深泽县	95.43	新疆维吾尔自治区北屯市	101.46
51	浙江省磐安县	84.43	河南省孟州市	95.17	福建省石狮市	101.46

续表

排名	县（市）	2017年得分	县（市）	2018年得分	县（市）	2019年得分
52	河北省临西县	84.40	浙江省龙泉市	95.13	山东省龙口市	101.43
53	山东省高密市	84.32	浙江省海宁市	94.92	山东省胶州市	101.39
54	辽宁省兴城市	84.32	江苏省张家港市	94.84	福建省晋江市	101.34
55	河北省蠡县	84.31	福建省武夷山市	94.78	浙江省嘉善县	101.14
56	山东省滕州市	84.26	福建省晋江市	94.77	江苏省张家港市	101.10
57	河北省东光县	84.12	山东省曲阜市	94.77	河北省高阳县	101.07
58	江苏省海门市	84.11	浙江省庆元县	94.75	江苏省东海县	100.75
59	河北省香河县	84.11	山东省滕州市	94.71	黑龙江省绥芬河市	100.50
60	河北省河间市	84.06	山东省高密市	94.39	河南省荥阳市	100.46
61	河北省献县	84.05	浙江省桐庐县	94.22	吉林省延吉市	100.36
62	新疆维吾尔自治区霍城县	84.00	江苏省昆山市	93.99	浙江省桐庐县	100.14
63	河北省曲周县	83.99	黑龙江省绥芬河市	93.95	黑龙江省友谊县	99.91
64	浙江省永康市	83.91	河北省沙河市	93.91	浙江省庆元县	99.78
65	河北省泊头市	83.84	山东省博兴县	93.79	河南省虞城县	99.69
66	安徽省肥西县	83.82	河南省新乡县	93.72	江苏省常熟市	99.59
67	山东省郯城县	83.80	江苏省常熟市	93.68	福建省闽侯县	99.55
68	河北省成安县	83.80	河北省安国市	93.64	广东省惠东县	99.28
69	福建省石狮市	83.58	江苏省沭阳县	93.64	江苏省昆山市	99.24
70	江西省浮梁县	83.55	江苏省睢宁县	93.54	江苏省沭阳县	99.09
71	河北省大城县	83.54	河北省肃宁县	93.50	河南省新乡县	99.08
72	河南省长葛市	83.44	河北省雄县	93.44	河南省济源市	98.94
73	山东省庆云县	83.22	河北省邢台县	93.30	河南省偃师市	98.93
74	河北省无极县	83.21	甘肃省永登县	93.13	河北省枣强县	98.91
75	山东省博兴县	83.19	山东省龙口市	93.10	河北省雄县	98.90
76	河北省大厂回族自治县	83.19	浙江省缙云县	92.73	内蒙古自治区二连浩特市	98.87
77	广东省海丰县	83.18	福建省南安市	92.61	江苏省江阴市	98.81

续表

排名	县（市）	2017年得分	县（市）	2018年得分	县（市）	2019年得分
78	浙江省苍南县	83.18	河北省南宫市	92.59	福建省福安市	98.68
79	甘肃省康乐县	83.14	河南省夏邑县	92.53	内蒙古自治区额济纳旗	98.38
80	河南省项城市	83.05	黑龙江省友谊县	92.42	山东省曲阜市	98.33
81	黑龙江省绥芬河市	83.04	河北省永清县	92.41	福建省南安市	98.21
82	河北省沙河市	83.01	福建省福安市	92.31	内蒙古自治区锡林浩特市	98.08
83	山东省临邑县	82.97	湖南省长沙县	92.27	广东省四会市	98.05
84	浙江省慈溪市	82.89	安徽省长丰县	92.01	福建省德化县	97.90
85	山东省济阳县	82.82	福建省德化县	91.99	河南省博爱县	97.90
86	河南省新郑市	82.80	河北省涿州市	91.92	河北省沙河市	97.87
87	山东省昌乐县	82.66	安徽省泾县	91.75	广西壮族自治区东兴市	97.84
88	江苏省丹阳市	82.60	山东省茌平县	91.74	河南省中牟县	97.73
89	安徽省望江县	82.55	福建省闽侯县	91.61	广东省博罗县	97.62
90	河北省元氏县	82.54	内蒙古自治区二连浩特市	91.56	浙江省缙云县	97.39
91	河北省沧县	82.52	河南省偃师市	91.53	河南省柘城县	97.35
92	河北省饶阳县	82.52	广东省惠东县	91.50	河南省新密市	97.33
93	山东省曲阜市	82.28	河北省临西县	91.25	山东省博兴县	97.31
94	河北省定兴县	82.24	河南省济源市	91.10	云南省瑞丽市	97.28
95	山东省胶州市	82.21	江苏省邳州市	91.04	山东省高密市	97.11
96	四川省青神县	81.77	河南省荥阳市	91.04	河北省宁晋县	96.80
97	河南省社旗县	81.76	福建省福鼎市	90.96	河北省辛集市	96.78
98	江苏省常熟市	81.71	河北省定州市	90.88	黑龙江省同江市	96.49
99	浙江省庆元县	81.68	河南省虞城县	90.56	甘肃省阿克塞哈萨克族自治县	96.48
100	安徽省怀宁县	81.59	河南省沁阳市	90.55	福建省福鼎市	96.33

在 2019 年县域数字普惠金融发展总指数百强县方面指数服务质量得分和全国排名中，2019 年排名前五的县分别为云和县、东阳市、平湖市、平阳县以及桐乡市，同样全部位于浙江省，这与浙江省良好的金融生态环境密切相关。此外，对于 2019 年县域数字普惠金融发展总指数百强县方面指数服务质量得分和全国排名中第59—100 位的县（市）（龙泉市—金寨县），其方面指数服务质量排名已经跌出该方面指数百强县的行列，因此，对于这些百强县而言，未来还需进一步加强县域数字普惠金融服务质量水平的提升（见表 5 – 27）。

表 5 – 27　2019 年县域数字普惠金融发展总指数百强县方面指数服务质量得分和全国排名

县（市）	地区	2017 年得分和全国排名		2018 年得分和全国排名		2019 年得分和全国排名	
		得分	排名	得分	排名	得分	排名
浙江省云和县	东部	97.09	1	109.07	1	114.98	1
浙江省东阳市	东部	93.09	4	105.06	2	110.97	2
浙江省平湖市	东部	84.78	47	103.12	7	110.44	3
浙江省平阳县	东部	86.22	36	102.36	11	110.07	4
浙江省桐乡市	东部	88.40	22	104.07	4	109.98	5
浙江省武义县	东部	80.33	118	100.84	16	109.73	6
河北省高碑店市	东部	91.06	8	103.03	8	108.94	7
浙江省义乌市	东部	90.49	10	102.46	9	108.37	8
浙江省浦江县	东部	90.39	11	102.36	10	108.27	9
河北省清河县	东部	91.74	6	103.72	6	107.88	10
浙江省温岭市	东部	89.39	14	101.36	14	107.27	11
江苏省太仓市	东部	85.60	41	101.98	13	107.19	12
河北省平乡县	东部	93.71	3	104.00	5	106.99	14
浙江省德清县	东部	85.06	44	100.19	21	106.74	15
广东省普宁市	东部	88.68	19	100.66	17	106.57	16
浙江省安吉县	东部	86.74	32	100.41	18	106.32	17
浙江省慈溪市	东部	82.89	84	98.58	25	106.12	18
江西省共青城市	中部	88.08	24	100.23	19	105.66	19
浙江省诸暨市	东部	79.61	135	98.40	29	105.59	21
浙江省余姚市	东部	79.38	142	96.13	40	105.26	22

第五章 中国县域数字普惠金融发展指数的得分与排名 119

续表

县（市）	地区	2017 年得分和全国排名		2018 年得分和全国排名		2019 年得分和全国排名	
		得分	排名	得分	排名	得分	排名
福建省安溪县	东部	88.35	23	101.32	15	105.23	23
浙江省乐清市	东部	80.31	119	97.63	33	104.22	29
河北省三河市	东部	87.91	26	98.30	30	103.93	30
广东省海丰县	东部	83.18	77	95.45	48	103.68	31
浙江省海盐县	东部	77.95	173	96.51	37	103.59	32
湖南省长沙县	中部	79.52	137	92.27	83	103.58	33
浙江省苍南县	东部	83.18	78	97.19	35	103.35	34
河南省新郑市	中部	82.80	86	95.89	42	103.08	36
河北省大厂回族自治县	东部	83.19	76	95.70	46	102.68	39
浙江省海宁市	东部	77.30	186	94.92	53	102.59	40
浙江省瑞安市	东部	79.05	149	95.80	45	102.49	41
浙江省永嘉县	东部	80.95	110	96.49	38	102.42	42
福建省武夷山市	东部	75.88	215	94.78	55	102.15	44
河南省孟州市	中部	80.66	115	95.17	51	101.91	45
浙江省永康市	东部	83.91	64	95.89	43	101.79	47
河南省沁阳市	中部	68.63	413	90.55	100	101.46	49
福建省石狮市	东部	83.58	69	95.55	47	101.46	51
福建省晋江市	东部	77.92	174	94.77	56	101.34	54
浙江省嘉善县	东部	78.87	152	96.03	41	101.14	55
黑龙江省绥芬河市	东北	83.04	81	93.95	63	100.50	59
浙江省桐庐县	东部	75.85	216	94.22	61	100.14	62
浙江省庆元县	东部	81.68	99	94.75	58	99.78	64
江苏省常熟市	东部	81.71	98	93.68	67	99.59	66
福建省闽侯县	东部	74.08	257	91.61	89	99.55	67
广东省惠东县	东部	80.43	117	91.50	92	99.28	68
江苏省昆山市	东部	78.60	158	93.99	62	99.24	69
江苏省沭阳县	东部	84.93	45	93.64	69	99.09	70
河南省新乡县	中部	78.39	164	93.72	66	99.08	71
河南省济源市	中部	72.95	285	91.10	94	98.94	72

续表

县（市）	地区	2017年得分和全国排名		2018年得分和全国排名		2019年得分和全国排名	
		得分	排名	得分	排名	得分	排名
福建省福安市	东部	74.61	246	92.31	82	98.68	78
福建省南安市	东部	76.27	202	92.61	77	98.21	81
广东省四会市	东部	67.82	444	87.18	159	98.05	83
福建省德化县	东部	80.02	125	91.99	85	97.90	84
广西壮族自治区东兴市	西部	79.13	146	90.08	110	97.84	87
河南省中牟县	中部	75.31	232	88.73	137	97.73	88
广东省博罗县	东部	73.82	264	89.62	119	97.62	89
云南省瑞丽市	西部	67.12	468	86.53	168	97.28	94
福建省福鼎市	东部	75.33	230	90.96	97	96.33	100
浙江省龙泉市	东部	89.83	13	95.13	52	96.21	102
江西省南昌县	中部	77.13	189	88.97	133	95.50	106
河南省修武县	中部	67.57	458	84.62	204	94.88	113
浙江省长兴县	东部	71.98	311	87.63	150	94.59	117
安徽省黟县	中部	76.44	197	88.44	140	94.10	123
浙江省宁海县	东部	71.05	327	84.56	210	93.61	129
河南省镇平县	中部	79.49	140	87.88	147	93.17	134
福建省霞浦县	东部	74.45	249	88.12	144	92.51	148
江苏省新沂市	东部	84.75	48	90.49	101	92.22	151
河南省汤阴县	中部	70.72	343	84.68	203	92.08	153
安徽省芜湖县	中部	69.77	372	85.52	185	91.98	157
河南省兰考县	中部	71.26	319	79.01	374	91.92	159
广西壮族自治区灵川县	西部	66.17	515	82.43	263	91.92	160
安徽省全椒县	中部	80.21	122	86.22	173	91.61	162
山东省曹县	东部	88.48	21	90.30	106	91.53	165
福建省沙县	东部	66.75	485	84.56	209	91.51	166
福建省柘荣县	东部	64.79	570	86.51	169	91.16	170
福建省龙海市	东部	63.17	638	82.75	257	89.89	196
河南省汝州市	中部	67.73	450	82.45	262	89.80	199
福建省仙游县	东部	67.58	456	84.29	216	89.74	200

续表

县（市）	地区	2017年得分和全国排名		2018年得分和全国排名		2019年得分和全国排名	
		得分	排名	得分	排名	得分	排名
山西省河津市	中部	65.19	555	83.80	228	89.71	201
山西省孝义市	中部	57.90	901	81.39	297	89.38	208
福建省屏南县	东部	75.18	236	85.68	180	89.33	210
福建省连城县	东部	60.91	756	82.32	268	88.82	216
山西省侯马市	中部	59.96	808	81.74	290	88.28	225
福建省连江县	东部	68.91	406	81.88	283	87.57	238
福建省永安市	东部	61.71	715	82.26	271	86.84	256
广东省陆河县	东部	79.79	132	82.93	251	85.36	291
河南省内乡县	中部	60.62	773	77.91	410	84.78	313
浙江省天台县	东部	78.64	156	82.89	254	84.62	319
福建省邵武市	东部	68.29	428	81.34	299	83.42	344
安徽省桐城市	中部	74.20	252	82.93	252	82.90	367
福建省寿宁县	东部	72.75	290	79.28	361	82.53	378
湖北省恩施市	中部	56.04	999	72.79	588	81.27	429
安徽省岳西县	中部	66.81	483	79.20	366	81.26	430
江西省靖安县	中部	77.26	187	80.30	328	81.03	436
安徽省怀宁县	中部	81.59	100	80.94	304	80.87	440
安徽省宿松县	中部	73.33	276	77.77	417	80.59	452
江西省黎川县	中部	81.25	105	81.92	281	80.12	471
湖北省仙桃市	中部	69.46	384	77.45	425	79.97	481
河南省商城县	中部	66.46	496	76.35	456	79.45	492
安徽省金寨县	中部	70.87	335	75.32	497	78.31	525

（三）百强县分项指标得分分析

在对百强县县域数字普惠金融发展总指数和县域数字普惠金融发展方面指数分析的基础上，本报告进一步对百强县县域数字普惠金融发展指数分项指标进行进一步分析。

如图 5-18 所示，总体来看，近三年县域数字普惠金融发展百强县各分项指标均有所增长，特别是县域数字普惠金融数字贷款服务广度、数字授信服务广度、数字贷款服务深度这三个分项指标提升明显，其中县域数字普惠金融数字贷款服务广度中位数得分从2017年的100分提升至2019年的354.75分，同比增长254.70%；县域数字普惠金融数字授信服务广度中位数得分从2017年的100分提升至2019年的312.58分，同比增长212.58%；县域数字普惠金融数字贷款服务深度中位数得分从2017年的61.98分提升至2019年的205.84分，同比增长232.11%。

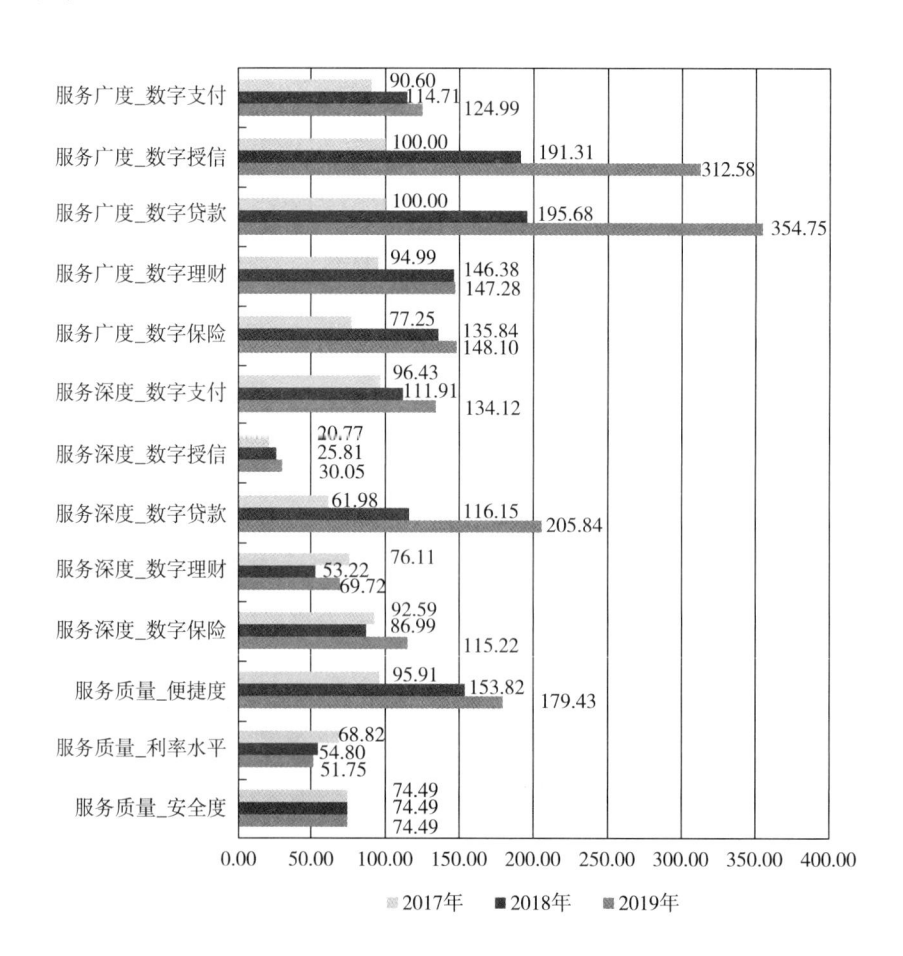

指标	2017年	2018年	2019年
服务广度_数字支付	90.60	114.71	124.99
服务广度_数字授信	100.00	191.31	312.58
服务广度_数字贷款	100.00	195.68	354.75
服务广度_数字理财	94.99	146.38	147.28
服务广度_数字保险	77.25	135.84	148.10
服务深度_数字支付	96.43	111.91	134.12
服务深度_数字授信	20.77	25.81	30.05
服务深度_数字贷款	61.98	116.15	205.84
服务深度_数字理财	53.22	76.11	69.72
服务深度_数字保险	92.59	86.99	115.22
服务质量_便捷度	95.91	153.82	179.43
服务质量_利率水平	68.82	54.80	51.75
服务质量_安全度	74.49	74.49	74.49

图5-18　2017—2019年县域数字普惠金融发展百强县分项
指标中位数得分比较

百强县县域数字普惠金融服务质量利率水平分项指标和县域数字普惠金融服务深度数字理财分项指标中位数得分略微下降,服务质量利率水平分项指标中位数得分从2017年的68.82分下降至2019年的51.75分,服务深度数字理财分项指标中位数得分从2017年的76.11分下降至2019年的69.72分。

(四)百强县、非百强县以及排名后100县各维度指标得分比较分析

全国县域数字普惠金融发展总指数得分百强县与非百强县、排名后100县在发展水平上存在巨大差距。如图5-19所示,2019年县域数字普惠金融发展总指数得分百强县、非百强县、排名后100县总指数中位数得分分别为155.86分、77.38分和45.42分,其中百强县总指数中位数得分是非百强县的2.01倍,是排名后100县的3.43倍。

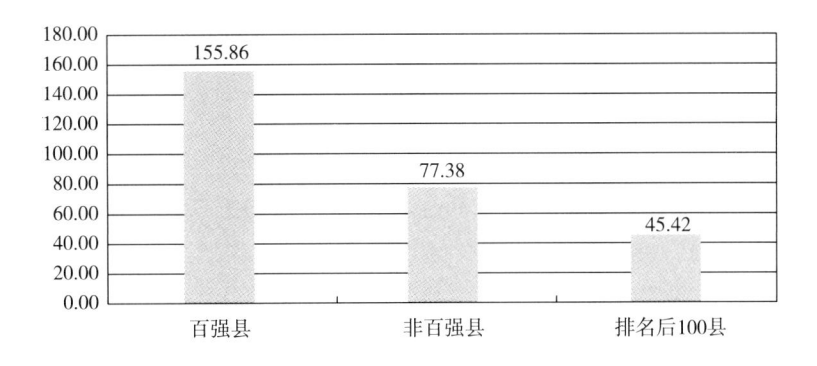

图5-19 2019年县域数字普惠金融发展总指数得分百强县、非百强县与排名后100县总指数中位数得分比较

全国县域数字普惠金融发展百强县、非百强县以及排名后100县在总指数中位数得分的差距主要是由县域数字普惠金融服务广度得分的差距导致的。如图5-20所示,三大方面指数平均得分差距排序依次为:县域数字普惠金融发展服务广度(241.21分:98.72分:48.30分)>县域数字普惠金融发展服务深度(128.80分:62.25分:38.83分)>县域数字普惠金融发展服务质量(98.44分:66.26

分:49.47分)。

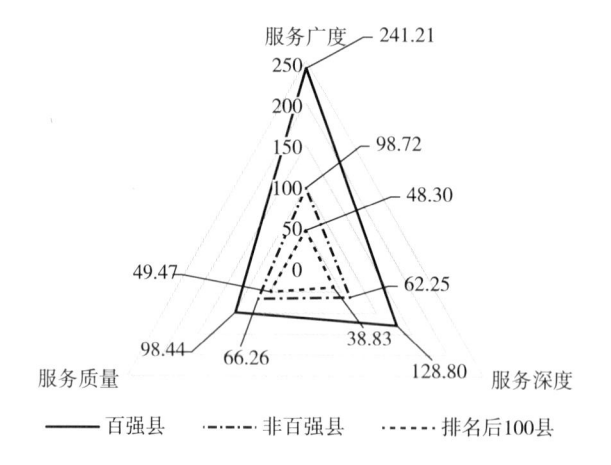

图 5-20　2019 年县域数字普惠金融发展总指数百强县、非百强县与排名后 100 县方面指数中位数得分比较

分项指标数字贷款服务广度、数字授信服务广度、数字贷款服务深度、数字普惠金融服务质量便捷度中位数得分的差距是造成百强县与非百强县、排名后 100 县之间存在巨大差距的主要原因。由图 5-21 所示,2019 年百强县分项指标数字授信服务广度、数字贷款服务广度、数字贷款服务深度、数字普惠金融服务质量便捷度的中位数得分分别为 312.58 分、354.75 分、205.84 分、179.43 分,分别是非百强县相应指标中位数得分的 3.95 倍、3.60 倍、2.75 倍、1.75 倍,是排名后 100 县相应指标中位数得分的 22.77 倍、16.91 倍、7.71 倍、2.85 倍。此外,在分项指标利率水平方面,百强县的得分表现也优于非百强县、排名后 100 县。

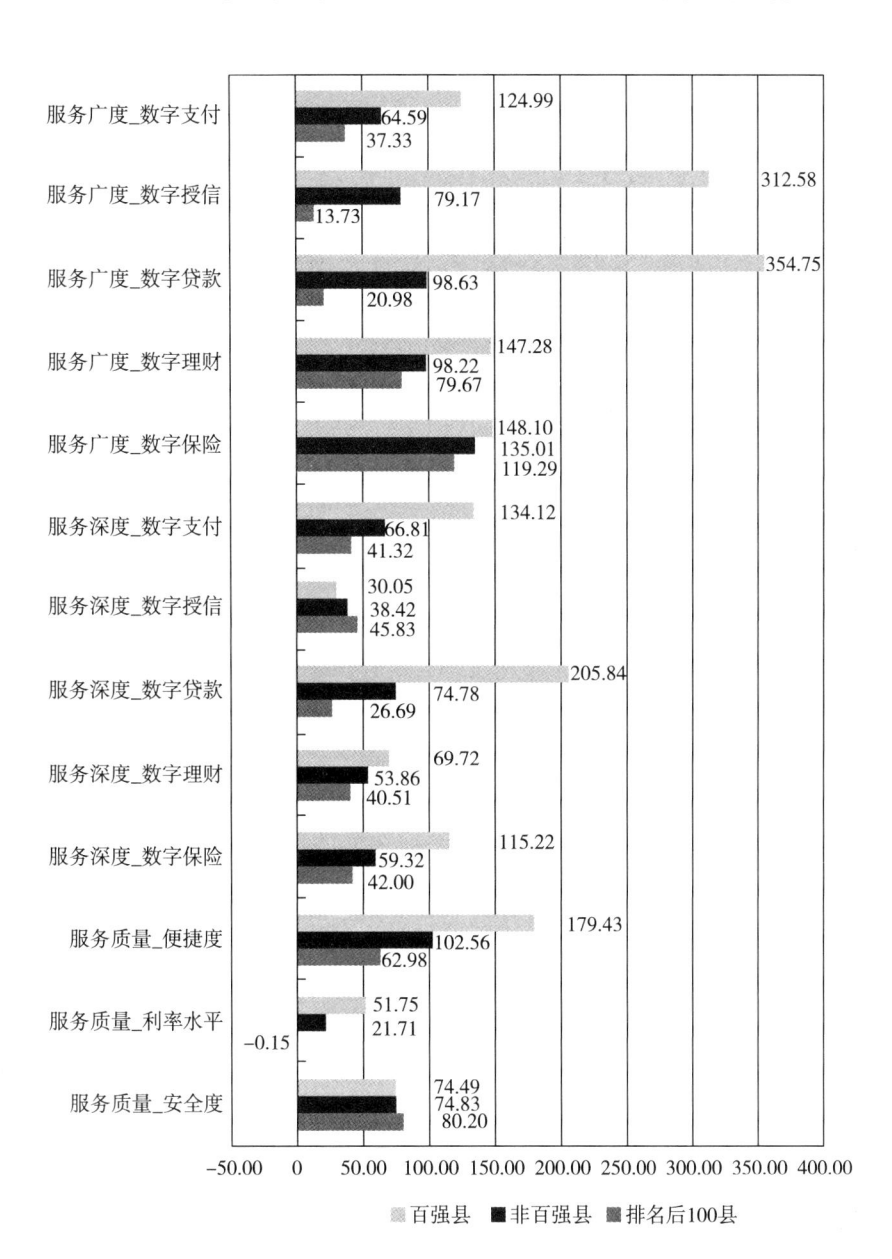

图 5-21 2019 年县域数字普惠金融发展总指数百强县、非百强县与排名后 100 县分项指标中位数得分比较

指标	百强县	非百强县	排名后100县
服务广度_数字支付	124.99	64.59	37.33
服务广度_数字授信	312.58	79.17	13.73
服务广度_数字贷款	354.75	98.63	20.98
服务广度_数字理财	147.28	98.22	79.67
服务广度_数字保险	148.10	135.01	119.29
服务深度_数字支付	134.12	66.81	41.32
服务深度_数字授信	30.05	38.42	45.83
服务深度_数字贷款	205.84	74.78	26.69
服务深度_数字理财	69.72	53.86	40.51
服务深度_数字保险	115.22	59.32	42.00
服务质量_便捷度	179.43	102.56	62.98
服务质量_利率水平	51.75	21.71	-0.15
服务质量_安全度	74.49	74.83	80.20

第六章 中国县域数字普惠金融发展动能分析

由于县域数字普惠金融发展指数得分的计算会受当地经济发展水平、数字普惠金融发展基础和环境等因素影响,数字普惠金融发展指数得分较高的地区通常集中在东部地区。考虑到还有一些地区由于县域数字普惠金融发展起步较晚但发展势头强劲,本报告特别构建了县域数字普惠金融发展动能指数,对县域数字普惠金融的发展动能进行了测度和评价。

一 县域数字普惠金融发展动能的分析方法与指数编制

动能是指县域数字普惠金融相对于某一固定时间点的相对发展速度,用来衡量县域数字普惠金融的发展潜能。动能指数是在县域数字普惠金融发展指数的基础上进一步计算得出的。具体的计算公式为:

$$D_i = \frac{I_{i,t} - I_{i,2017}}{I_{i,2017}} \times 100$$

其中$I_{i,t}$为i县t年的县域数字普惠金融发展指数得分,$I_{i,2017}$为i县基期(2017年)的县域数字普惠金融发展指数得分。

考虑到数字普惠金融发展的基期水平对动能指数计算能够造成巨大影响,单纯考察动能指数排名可能导致那些基期发展水平极低的县域排名在前,而那些县域数字普惠金融发展动能较大、发展较好的县域不能体现出来。本报告在衡量上述县域数字普惠金融发展指数得分的基础上,针对总指数和三个方面指数得分均处于全国平均水平以上的532个县,具体计算了数字普惠金融动能指数得分,并推出了其排名,分析了这些县的得分差距及其成因。在此基础上,本报告还将考察这些数字普惠金融发展动能的变化情况。

二 县域数字普惠金融发展动能指数百强县得分总体分析

根据县域数字普惠金融发展指数得分,本报告计算出2019年各县数字普惠金融发展动能指数得分,并在此基础上得到县域数字普惠金融发展动能百强县排名。

(一)总体得分情况

总体来看,2019年县域数字普惠金融发展动能百强县的动能指数的得分中位数为123.03,最大值为174.39,最小值为108.91。其中,百强县数字普惠金融服务广度动能指数得分中位数为248.53,最大值为385.01,最小值为144.66;百强县数字普惠金融服务深度动能指数得分中位数为103.51,最大值为168.60,最小值为59.88;百强县数字普惠金融服务质量动能指数得分中位数为22.10,最大值为74.39,最小值为2.38(见图6-1)。

根据图6-1,可以得出2019年来全国县域数字普惠金融三个方面的动能指数中位数得分排名为:服务广度动能>服务深度动能>服务质量动能。因此未来县域数字普惠金融的发展要进一步推动服务深度和服务质量的发展。

(二)县域数字普惠金融发展动能指数百强县区域分布

从区域分布来看,在县域数字普惠金融发展动能指数百强县中,中部地区的县域有64个,东部地区的县域有24个,西部地区的县域有11个,东北地区的县域有1个。由此可以看出,以县域普惠金融动能指数的中位数为衡量标准,中部地区的县域数字普惠金融发展势头比较迅猛,这也与此前的分析结果一致,即近年来中部地区县域数字普惠金融发展水平与县域数字普惠金融发展水平最好的东部地区之间的差距在逐年缩小。

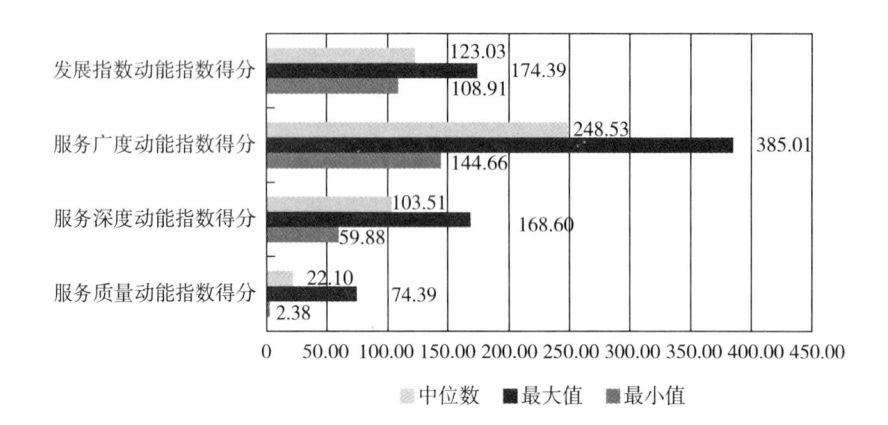

指标	最小值	中位数	最大值
发展指数动能指数得分	108.91	123.03	174.39
服务广度动能指数得分	144.66	248.53	385.01
服务深度动能指数得分	59.88	103.51	168.60
服务质量动能指数得分	2.38	22.10	74.39

图 6-1　2019 年县域数字普惠金融发展动能百强县动能指数与方面指数的得分

东部地区在县域数字普惠金融发展动能指数百强县中的占比位居第二，可以看出，东部地区近年来县域数字普惠金融发展速度非常快。根据此前的分析结果，东部地区的县域数字普惠金融发展水平整体较高，考虑到县域数字普惠金融发展动能存在边际递减的趋势，因此其在发展动能百强县中占比明显小于中部地区。

西部地区在县域数字普惠金融发展动能指数百强县中的占比位居第三，落后于中部和东部地区，说明近年来西部地区县域数字普惠金融发展动能相较于中部和东部地区较小，这与此前分析结果一致，即西部地区与中部、东部地区县域数字普惠金融的发展差距存在扩大的趋势，西部地区县域数字普惠金融发展有进一步提升的空间。西部地区的县域数字普惠金融发展动能要强于东北地区。根据此前的分析结果，西部地区的县域数字普惠金融发展指数得分 2017 年落后东北地区 0.95 分，2019 年反超东北地区 2.81 分。西部地区县域数字普惠金融动能较大是造成西部地区县域数字普惠金融发展指数超过东北地区的原因。

东北地区在县域数字普惠金融发展动能指数百强县中的占比最小，说明总体上其发展动能较低。结合此前的分析，东北地区县域数字普惠金融发展指数和动能指数平均得分均较低，因此，相较于其他区域，其县域数字普惠金融发展无论是在发展水平还是在发展动能方面，均有进一步提升的空间。

需要说明的是，由于县域数字普惠金融发展动能指数百强县排名是对 2017 年县域数字普惠金融发展高于全国平均水平的县域进行排名，因此当前参与动能指数百强县排名中的县域必须具备较好的数字普惠金融发展基础，这就可能导致西部地区和东北地区进入动能指数排名百强县的数量偏少。但是，考虑西部地区和东北地区县域数字普惠金融发展平均水平相差不多，进而可以看出东北地区近年来县域数字普惠金融发展速度较慢。

三 2019 年县域数字普惠金融发展动能指数百强县的得分和排名情况

在对县域数字普惠金融发展动能指数百强县的得分和空间分布总体情况进行分析后，可以对 2019 年县域数字普惠金融发展动能指数百强县的具体得分与排名情况进行进一步分析。

（一）2019 年县域数字普惠金融发展动能指数百强县的得分与排名

如表 6-1 所示，2019 年县域数字普惠金融发展动能指数得分前十名的县市为：第一名河南省兰考县，得分 174.39；第二名河南省修武县，得分 166.35；第三名河南省民权县，得分 162.05；第四名河南省伊川县，得分 158.17；第五名河南省叶县，得分 157.08；第六名河南省滑县，得分 156.77；第七名山西省河津市，得分 155.07；第八名河南省汝州市，得分 152.87；第九名河南省淅川县，得分 152.54；第十名河南省封丘县，得分 150.09。根据排名结果可以看出，在县域数字普惠金融发展动能十强县中，有 9 个位于河南省。

表6-1　2019年县域数字普惠金融发展动能指数百强县得分和排名情况

县（市）	地区	动能指数得分和排名		县（市）	地区	动能指数得分和排名	
		得分	排名			得分	排名
河南省兰考县	中部	174.39	1	河南省商城县	中部	134.67	26
河南省修武县	中部	166.35	2	河南省原阳县	中部	134.00	27
河南省民权县	中部	162.05	3	河北省南和县	东部	133.67	28
河南省伊川县	中部	158.17	4	河南省中牟县	中部	133.61	29
河南省叶县	中部	157.08	5	河南省唐河县	中部	132.71	30
河南省滑县	中部	156.77	6	河南省平舆县	中部	132.61	31
山西省河津市	中部	155.07	7	广西壮族自治区灵川县	西部	132.17	32
河南省汝州市	中部	152.87	8	山东省邹城市	东部	131.87	33
河南省淅川县	中部	152.54	9	山西省永济市	中部	131.44	34
河南省封丘县	中部	150.09	10	山西省介休市	中部	131.11	35
河南省内乡县	中部	149.83	11	河南省灵宝市	中部	130.90	36
山西省垣曲县	中部	148.49	12	山东省五莲县	东部	130.69	37
河南省宁陵县	中部	147.17	13	河南省桐柏县	中部	130.67	38
河南省西平县	中部	145.97	14	河南省郏县	中部	130.58	39
河南省禹州市	中部	145.49	15	河南省济源市	中部	130.43	40
河北省馆陶县	东部	145.12	16	黑龙江省友谊县	东北	128.57	41
内蒙古自治区额济纳旗	西部	145.02	17	河南省新密市	中部	127.65	42
山西省芮城县	中部	144.36	18	河南省社旗县	中部	127.49	43
陕西省澄城县	西部	143.66	19	山西省文水县	中部	126.84	44
山西省侯马市	中部	142.60	20	山东省诸城市	东部	126.46	45
河南省西华县	中部	142.17	21	山东省汶上县	东部	125.42	46
河南省上蔡县	中部	142.03	22	河南省新乡县	中部	124.73	47
河南省沁阳市	中部	141.35	23	山东省新泰市	东部	124.37	48
陕西省蒲城县	西部	136.49	24	湖南省湘阴县	中部	123.59	49
内蒙古自治区锡林浩特市	西部	135.60	25	江苏省丰县	东部	123.32	50

续表

县（市）	地区	动能指数得分和排名		县（市）	地区	动能指数得分和排名	
		得分	排名			得分	排名
山东省嘉祥县	东部	122.73	51	福建省大田县	东部	113.61	76
安徽省砀山县	中部	122.72	52	河南省长葛市	中部	113.55	77
江西省万载县	中部	122.44	53	安徽省太和县	中部	113.48	78
河南省邓州市	中部	122.05	54	福建省漳平市	东部	113.47	79
山西省闻喜县	中部	121.42	55	广东省四会市	东部	112.91	80
河南省孟州市	中部	121.34	56	河南省镇平县	中部	112.85	81
广东省英德市	东部	119.83	57	山东省曲阜市	东部	112.62	82
陕西省泾阳县	西部	119.51	58	陕西省西乡县	西部	112.50	83
陕西省白河县	西部	119.18	59	陕西省富平县	西部	112.26	84
河南省温县	中部	119.02	60	湖南省吉首市	中部	112.06	85
陕西省佛坪县	西部	118.78	61	山东省巨野县	东部	111.82	86
河南省获嘉县	中部	118.62	62	江西省南丰县	中部	111.77	87
重庆市云阳县	西部	118.33	63	福建省长泰县	东部	111.46	88
安徽省界首市	中部	118.18	64	安徽省宿松县	中部	111.24	89
江西省永丰县	中部	117.87	65	山东省寿光市	东部	111.01	90
山西省太谷县	中部	116.92	66	河南省正阳县	中部	110.91	91
河南省巩义市	中部	116.55	67	安徽省利辛县	中部	110.40	92
安徽省全椒县	中部	115.78	68	山西省稷山县	中部	110.29	93
河南省辉县市	中部	115.61	69	福建省诏安县	东部	110.12	94
湖北省仙桃市	中部	115.60	70	山东省成武县	东部	110.11	95
安徽省临泉县	中部	114.73	71	河北省安平县	东部	109.98	96
安徽省岳西县	中部	114.55	72	山东省沂南县	东部	109.39	97
安徽省当涂县	中部	114.52	73	福建省柘荣县	东部	109.36	98
安徽省蒙城县	中部	114.33	74	江苏省昆山市	东部	109.21	99
安徽省金寨县	中部	113.89	75	福建省永安市	东部	108.91	100

（二）得分和排名分析

从方面指数来看，在县域数字普惠金融发展动能指数得分百强县中，排名前十和排名前二十的县在服务广度、服务深度、服务质量三个方面发展动能均高于百强县平均水平。其中县域数字普惠金融发展动能指数得分十强县服务广度发展动能方面指数平均得分高于百强县平均得分 64.64 分，十强县服务深度发展动能方面指数平均得分高于百强县平均得分 27.65 分，十强县服务质量发展动能方面指数平均得分高于百强县平均得分 4.99 分。因此可以认为，近年来，河南省兰考县、修武县、民权县、伊川县、叶县、滑县、汝州市、淅川县、封丘县和山西省河津市等县域数字普惠金融发展动能指数得分十强县在服务广度动能和服务深度动能方面发展速度相对较快（见图 6 - 2）。

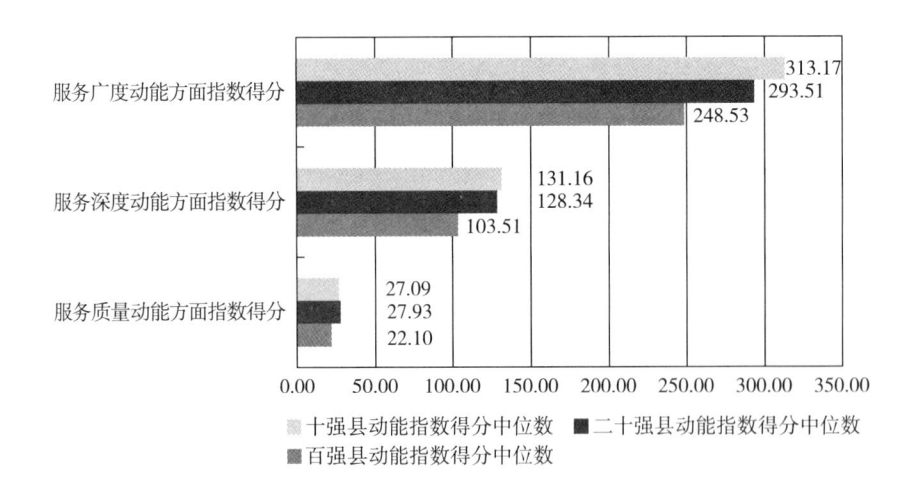

图 6 - 2 2019 年县域数字普惠金融发展动能指数得分十强县、二十强县、百强县三大发展动能方面指数平均得分（中位数）比较

进一步分析县域数字普惠金融发展动能指数得分十强县的分项指标得分情况。如图 6 - 3 所示，县域数字普惠金融发展动能指数得分十强县在分项指标数字贷款服务广度、数字贷款服务深度方面的得分均大幅领先于县域数字普惠金融动能指数百强县的中位数得分。其中县域数字普惠金融发展动能指数得分十强县分项指标数字贷款服务广度中位数得分高于百强县中位数得分 90.89 分，十强县分项指标数字贷款服务深度中位数得分高于百强县中位数得分 72.90 分。可以看出近年来分项指标数字贷款服务广度的得分以及数字贷款服务深度的得分较高,是县域数字普惠金融发展动能指数得分十强县排名靠前的重要因素。

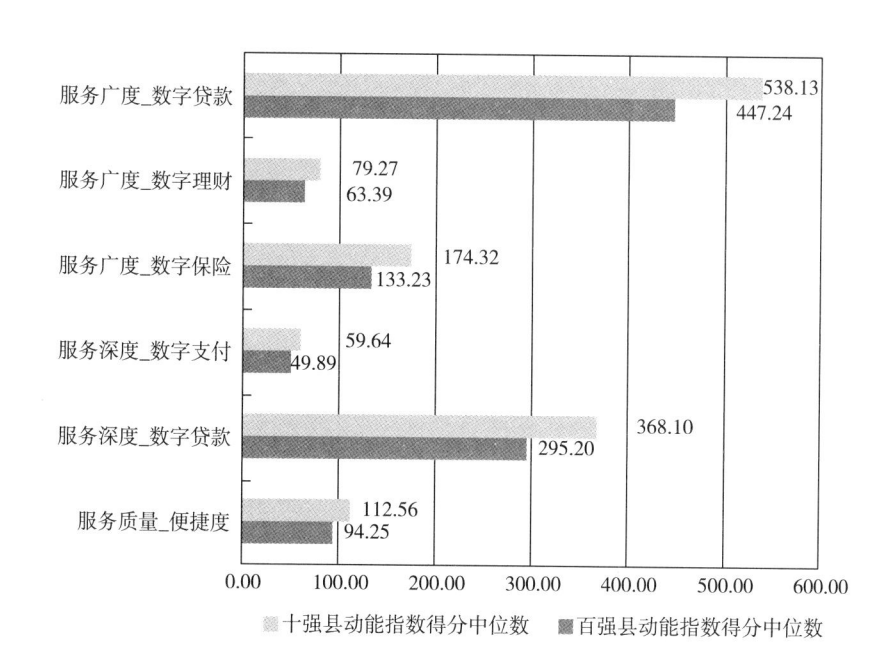

指标	十强县动能指数得分中位数	百强县动能指数得分中位数
服务广度_数字贷款	538.13	447.24
服务广度_数字理财	79.27	63.39
服务广度_数字保险	174.32	133.23
服务深度_数字支付	59.64	49.89
服务深度_数字贷款	368.10	295.20
服务质量_便捷度	112.56	94.25

图 6-3　2019 年县域数字普惠金融发展动能总指数得分十强县、百强县部分分项指标中位数得分比较

数字贷款和数字授信是近年来县域数字普惠金融发展的主要动能来源。但是,信息不对称和"数据孤岛"问题是当前制约县域数字普惠金融发展的重要因素,因此打通和利用当前县域政府各部门的数据,能够有效促进县域数字普惠金融的发展。

网商银行近年来与一些县域政府合作,建立大数据中心,进行"三农"数据归集和利用(不拥有和留用数据,数据所有权归地方),在很大程度上解决了"数据孤岛"的问题。因此本报告将"网商银行是否与县域政府合作"作为衡量是否存在县域数据归集整合的指标,进一步考察县域数据归集对县域数字普惠金融发展的影响。在县域数字普惠金融发展动能百强县中,网商银行与县域政府合作的县为63 个,其中县域数字普惠金融发展动能十强县全部为合作县,县域数字普惠金融发展动能二十强县中合作县为 16 个，可以看出县域数据归集整合与县域数字普惠金融发展动能之间存在较强的相关性，在一定程度上能够促进县域数字普惠金融发展，激发县域数字普惠金融发展潜力。

四 发展动能指数百强县方面指数服务广度、服务深度、服务质量的得分和排名情况

在对县域数字普惠金融发展动能指数得分和百强县排名进行分析后，本报告进一步对百强县中方面指数服务广度、服务深度、服务质量发展动能得分和排名情况进行分析比较。

（一）发展动能指数百强县方面指数服务广度得分和排名情况

如表 6-2 所示，2019 年县域数字普惠金融发展动能总指数百强县方面指数服务广度得分前十名的县（市）为：第一名河南省封丘县，得分 385.01；第二名河南省宁陵县，得分 379.02；第三名河南省兰考县，得分 339.76；第四名河南省上蔡县，得分 338.16；第五名河南省唐河县，得分 333.86；第六名河南省滑县，得分 333.65；第七名河南省淅川县，得分 323.22；第八名河南省社旗县，得分 318.01；第九名河南省郏县，得分 317.81；第十名陕西省澄城县，得分 317.17。根据排名结果可以看出，在县域数字普惠金融发展动能方面指数服务广度十强县中，有 9 个位于河南省。

表 6-2　2019 年县域数字普惠金融发展动能指数百强县方面指数服务广度得分和排名情况

县（市）	地区	服务广度动能指数得分和排名		县（市）	地区	服务广度动能指数得分和排名	
		得分	排名			得分	排名
河南省封丘县	中部	385.01	1	河南省兰考县	中部	339.76	3
河南省宁陵县	中部	379.02	2	河南省上蔡县	中部	338.16	4

第六章 中国县域数字普惠金融发展动能分析 135

续表

县（市）	地区	服务广度动能指数得分和排名		县（市）	地区	服务广度动能指数得分和排名	
		得分	排名			得分	排名
河南省唐河县	中部	333.86	5	河南省邓州市	中部	277.68	33
河南省滑县	中部	333.65	6	重庆市云阳县	西部	274.54	34
河南省淅川县	中部	323.22	7	山东省巨野县	东部	273.40	35
河南省社旗县	中部	318.01	8	陕西省佛坪县	西部	270.32	36
河南省郏县	中部	317.81	9	河南省汝州市	中部	268.20	37
陕西省澄城县	西部	317.17	10	江西省万载县	中部	265.71	38
河南省叶县	中部	315.32	11	湖南省湘阴县	中部	264.17	39
河南省西平县	中部	312.52	12	陕西省西乡县	西部	263.20	40
河南省伊川县	中部	311.01	13	安徽省当涂县	中部	262.86	41
山东省新泰市	东部	310.06	14	安徽省蒙城县	中部	262.08	42
陕西省蒲城县	西部	309.98	15	山西省文水县	中部	259.53	43
河南省平舆县	中部	304.26	16	山东省诸城市	东部	259.32	44
山东省嘉祥县	东部	300.54	17	安徽省临泉县	中部	258.80	45
山东省汶上县	东部	300.39	18	安徽省砀山县	中部	256.57	46
河北省南和县	东部	298.07	19	河南省商城县	中部	255.03	47
河南省民权县	中部	295.96	20	山西省闻喜县	中部	253.79	48
山东省五莲县	东部	294.73	21	山东省邹城市	东部	253.17	49
安徽省利辛县	中部	292.62	22	江苏省丰县	东部	251.89	50
河南省西华县	中部	291.11	23	河南省原阳县	中部	245.16	51
河北省馆陶县	东部	291.07	24	江西省永丰县	中部	242.54	52
河南省修武县	中部	288.36	25	河南省内乡县	中部	241.99	53
山东省沂南县	东部	287.96	26	江西省南丰县	中部	241.27	54
河南省桐柏县	中部	286.61	27	山西省芮城县	中部	240.55	55
安徽省太和县	中部	286.61	28	河南省获嘉县	中部	239.32	56
河南省禹州市	中部	286.12	29	山西省河津市	中部	233.27	57
陕西省泾阳县	西部	285.49	30	山西省垣曲县	中部	229.83	58
山东省成武县	东部	284.69	31	广东省英德市	东部	227.15	59
陕西省白河县	西部	281.00	32	河南省沁阳市	中部	226.52	60

续表

县（市）	地区	服务广度动能指数得分和排名		县（市）	地区	服务广度动能指数得分和排名	
		得分	排名			得分	排名
广西壮族自治区灵川县	西部	225.70	61	河南省温县	中部	200.12	81
山西省稷山县	中部	224.56	62	河南省新密市	中部	200.08	82
山西省永济市	中部	219.63	63	内蒙古自治区锡林浩特市	西部	199.91	83
安徽省全椒县	中部	219.22	64	湖北省仙桃市	中部	198.40	84
安徽省界首市	中部	216.16	65	福建省诏安县	东部	197.58	85
安徽省金寨县	中部	216.01	66	山西省侯马市	中部	196.21	86
河南省镇平县	中部	214.53	67	河南省长葛市	中部	195.17	87
河南省辉县市	中部	213.61	68	山东省寿光市	东部	193.43	88
山西省介休市	中部	213.24	69	内蒙古自治区额济纳旗	西部	190.12	89
福建省大田县	东部	211.22	70	安徽省岳西县	中部	185.82	90
河南省孟州市	中部	211.14	71	黑龙江省友谊县	东北	181.75	91
安徽省宿松县	中部	209.22	72	河南省巩义市	中部	177.63	92
山东省曲阜市	东部	208.64	73	山西省太谷县	中部	167.58	93
陕西省富平县	西部	208.53	74	江苏省昆山市	东部	162.99	94
河南省正阳县	中部	208.07	75	福建省漳平市	东部	159.80	95
河南省中牟县	中部	202.26	76	福建省永安市	东部	157.61	96
河南省灵宝市	中部	201.82	77	福建省长泰县	东部	156.86	97
河南省新乡县	中部	201.30	78	湖南省吉首市	中部	154.67	98
河南省济源市	中部	200.60	79	福建省柘荣县	东部	151.77	99
河北省安平县	东部	200.41	80	广东省四会市	东部	144.66	100

（二）发展动能指数百强县方面指数服务深度得分和排名情况

如表6-3所示，2019年县域数字普惠金融发展动能指数百强县方面指数服务深度得分前十名的县（市）为：第一名河南省中牟县，得分168.60；第二名山西省河津市，得分166.87；第三名山西省垣曲县，得分164.72；第四名河南省兰考县，得分163.10；第五名内蒙古自治区额济纳旗，得分162.55；第六名山西省太谷县，得分155.16；第七名河南省民权县，得分154.80；第八名山西省芮城县，得分152.64；第九名河南省修武县，得分149.97；第十名山西省侯马市，得分145.99。根据排名结果可以看出，在县域数字普惠金融发展动能指数百强县方面指数服务深度得分十强县中，山西省有5个，河南省有4个。

表6-3 2019年县域数字普惠金融发展动能指数百强县方面指数服务深度得分和排名情况

县（市）	地区	服务深度动能指数得分和排名		县（市）	地区	服务深度动能指数得分和排名	
		得分	排名			得分	排名
河南省中牟县	中部	168.60	1	河南省西华县	中部	133.40	18
山西省河津市	中部	166.87	2	河南省巩义市	中部	133.21	19
山西省垣曲县	中部	164.72	3	广东省四会市	东部	132.74	20
河南省兰考县	中部	163.10	4	福建省长泰县	东部	132.06	21
内蒙古自治区额济纳旗	西部	162.55	5	山西省永济市	中部	131.48	22
山西省太谷县	中部	155.16	6	山西省介休市	中部	131.37	23
河南省民权县	中部	154.80	7	河南省内乡县	中部	131.02	24
山西省芮城县	中部	152.64	8	山西省稷山县	中部	129.58	25
河南省修武县	中部	149.97	9	山西省文水县	中部	129.45	26
山西省侯马市	中部	145.99	10	河南省新乡县	中部	128.67	27
河南省原阳县	中部	143.50	11	河南省灵宝市	中部	128.22	28
河南省新密市	中部	143.14	12	黑龙江省友谊县	东北	128.07	29
内蒙古自治区锡林浩特市	西部	142.41	13	河南省温县	中部	127.88	30
山西省闻喜县	中部	138.07	14	河南省宁陵县	中部	125.65	31
陕西省富平县	西部	137.69	15	河南省叶县	中部	125.33	32
河南省汝州市	中部	136.99	16	河北省馆陶县	东部	124.73	33
河南省济源市	中部	135.80	17	河南省禹州市	中部	124.54	34

续表

县（市）	地区	服务深度动能指数得分和排名		县（市）	地区	服务深度动能指数得分和排名	
		得分	排名			得分	排名
河南省滑县	中部	121.85	35	陕西省蒲城县	西部	96.73	63
河南省长葛市	中部	121.00	36	福建省漳平市	东部	96.03	64
河南省西平县	中部	118.12	37	河南省唐河县	中部	94.55	65
河南省沁阳市	中部	118.06	38	江苏省丰县	东部	94.52	66
河南省孟州市	中部	116.08	39	湖南省吉首市	中部	94.08	67
河南省平舆县	中部	114.34	40	广西壮族自治区灵川县	西部	93.86	68
江苏省昆山市	东部	113.44	41	福建省永安市	东部	92.76	69
河南省正阳县	中部	113.15	42	重庆市云阳县	西部	90.59	70
河南省淅川县	中部	112.50	43	山东省五莲县	东部	90.37	71
河南省伊川县	中部	111.47	44	安徽省金寨县	中部	90.23	72
安徽省岳西县	中部	108.54	45	安徽省宿松县	中部	89.71	73
安徽省界首市	中部	108.37	46	河南省镇平县	中部	89.50	74
河南省商城县	中部	108.35	47	河南省邓州市	中部	87.67	75
福建省柘荣县	东部	107.89	48	福建省诏安县	东部	86.48	76
河南省辉县市	中部	105.49	49	山东省寿光市	东部	86.08	77
山东省邹城市	东部	104.11	50	安徽省临泉县	中部	85.73	78
河北省南和县	东部	102.91	51	福建省大田县	东部	85.62	79
山东省曲阜市	东部	101.96	52	广东省英德市	东部	85.36	80
安徽省砀山县	中部	101.68	53	山东省汶上县	东部	85.07	81
河南省上蔡县	中部	100.63	54	江西省永丰县	中部	84.39	82
湖北省仙桃市	中部	100.09	55	河南省郏县	中部	83.59	83
河南省社旗县	中部	99.90	56	安徽省蒙城县	中部	83.17	84
河南省获嘉县	中部	99.48	57	河南省桐柏县	中部	82.01	85
河南省封丘县	中部	99.21	58	山东省新泰市	东部	80.80	86
安徽省全椒县	中部	99.08	59	陕西省泾阳县	西部	80.70	87
陕西省澄城县	西部	98.61	60	湖南省湘阴县	中部	79.09	88
河北省安平县	东部	98.55	61	山东省嘉祥县	东部	78.38	89
山东省诸城市	东部	97.09	62	安徽省太和县	中部	76.02	90

续表

县（市）	地区	服务深度动能指数得分和排名		县（市）	地区	服务深度动能指数得分和排名	
		得分	排名			得分	排名
江西省万载县	中部	75.58	91	山东省巨野县	东部	68.46	96
山东省沂南县	东部	74.79	92	安徽省当涂县	中部	68.25	97
陕西省白河县	西部	74.58	93	陕西省西乡县	西部	63.58	98
安徽省利辛县	中部	69.48	94	山东省成武县	东部	61.85	99
陕西省佛坪县	西部	69.10	95	江西省南丰县	中部	59.88	100

（三）发展动能指数百强县方面指数服务质量得分和排名情况

如表6-4所示，2019年县域数字普惠金融发展动能指数百强县方面指数服务质量得分前十名的县（市）为：第一名湖南省吉首市，得分74.39；第二名内蒙古自治区额济纳旗，得分66.77；第三名黑龙江省友谊县，得分64.14；第四名内蒙古自治区锡林浩特市，得分52.03；第五名河南省灵宝市，得分50.57；第六名福建省漳平市，得分50.43；第七名河南省沁阳市，得分47.84；第八名山西省侯马市，得分47.23；第九名河南省新密市，得分46.66；第十名广东省四会市，得分44.57。

表6-4　2019年县域数字普惠金融发展动能指数百强县方面指数服务质量得分和排名情况

县（市）	地区	服务质量动能指数得分和排名		县（市）	地区	服务质量动能指数得分和排名	
		得分	排名			得分	排名
湖南省吉首市	中部	74.39	1	河南省灵宝市	中部	50.57	5
内蒙古自治区额济纳旗	西部	66.77	2	福建省漳平市	东部	50.43	6
黑龙江省友谊县	东北	64.14	3	河南省沁阳市	中部	47.84	7
内蒙古自治区锡林浩特市	西部	52.03	4	山西省侯马市	中部	47.23	8

续表

县（市）	地区	服务质量动能指数得分和排名		县（市）	地区	服务质量动能指数得分和排名	
		得分	排名			得分	排名
河南省新密市	中部	46.66	9	河南省新乡县	中部	26.39	37
广东省四会市	东部	44.57	10	河南省孟州市	中部	26.34	38
山西省垣曲县	中部	42.84	11	江苏省昆山市	东部	26.25	39
河南省辉县市	中部	41.28	12	山东省邹城市	东部	25.59	40
河南省温县	中部	41.00	13	河南省禹州市	中部	25.44	41
福建省永安市	东部	40.73	14	河南省淅川县	中部	25.18	42
福建省柘荣县	东部	40.71	15	河南省滑县	中部	24.82	43
河南省修武县	中部	40.42	16	河南省封丘县	中部	24.75	44
山西省太谷县	中部	40.02	17	河南省叶县	中部	24.73	45
河南省内乡县	中部	39.87	18	福建省大田县	东部	24.46	46
河南省伊川县	中部	39.67	19	河南省民权县	中部	23.98	47
河南省巩义市	中部	39.22	20	山西省文水县	中部	23.34	48
广西壮族自治区灵川县	西部	38.91	21	山西省闻喜县	中部	22.58	49
河南省荻嘉县	中部	37.93	22	陕西省蒲城县	西部	22.43	50
山西省河津市	中部	37.60	23	河南省正阳县	中部	21.76	51
河南省原阳县	中部	37.27	24	安徽省岳西县	中部	21.62	52
山西省介休市	中部	37.06	25	安徽省界首市	中部	21.32	53
河南省济源市	中部	35.63	26	河北省馆陶县	东部	20.86	54
山东省寿光市	东部	33.55	27	福建省诏安县	东部	20.59	55
河南省汝州市	中部	32.58	28	山西省永济市	中部	20.55	56
福建省长泰县	东部	30.81	29	河南省西平县	中部	20.48	57
河南省中牟县	中部	29.76	30	河南省商城县	中部	19.54	58
山西省芮城县	中部	29.14	31	山东省曲阜市	东部	19.50	59
河南省兰考县	中部	28.99	32	山东省嘉祥县	东部	19.34	60
河南省长葛市	中部	28.42	33	陕西省泾阳县	西部	19.05	61
河南省桐柏县	中部	27.27	34	河北省安平县	东部	18.76	62
河北省南和县	东部	26.97	35	河南省上蔡县	中部	18.48	63
陕西省澄城县	西部	26.88	36	安徽省当涂县	中部	18.42	64

续表

县（市）	地区	服务质量动能指数得分和排名		县（市）	地区	服务质量动能指数得分和排名	
		得分	排名			得分	排名
广东省英德市	东部	18.40	65	江西省万载县	中部	11.81	83
山东省汶上县	东部	18.00	66	江西省南丰县	中部	11.80	84
山东省五莲县	东部	17.79	67	山东省巨野县	东部	11.45	85
山西省稷山县	中部	17.63	68	河南省平舆县	中部	10.56	86
陕西省佛坪县	西部	17.47	69	安徽省金寨县	中部	10.49	87
江苏省丰县	东部	17.37	70	安徽省宿松县	中部	9.90	88
河南省镇平县	中部	17.20	71	山东省沂南县	东部	9.80	89
河南省宁陵县	中部	17.15	72	湖南省湘阴县	中部	9.41	90
陕西省西乡县	西部	16.19	73	安徽省砀山县	中部	9.06	91
湖北省仙桃市	中部	15.14	74	陕西省白河县	西部	8.48	92
山东省诸城市	东部	14.62	75	安徽省蒙城县	中部	8.26	93
河南省邓州市	中部	14.40	76	河南省社旗县	中部	7.89	94
河南省郏县	中部	14.36	77	安徽省临泉县	中部	7.60	95
安徽省全椒县	中部	14.22	78	安徽省太和县	中部	7.23	96
河南省西华县	中部	13.81	79	山东省成武县	东部	7.01	97
河南省唐河县	中部	13.67	80	安徽省利辛县	中部	5.51	98
山东省新泰市	东部	12.63	81	江西省永丰县	中部	4.09	99
陕西省富平县	西部	11.82	82	重庆市云阳县	西部	2.38	100

根据排名结果可以看出，相较于服务广度和服务深度，县域数字普惠金融动能指数百强县的方面指数服务质量得分十强县分布较为分散，河南省有3个，内蒙古自治区2个，湖南省、黑龙江省、福建省、广东省、山西省各1个，在一定程度上反映出各省份之间县域数字普惠金融发展指数百强县的方面指数服务质量得分差距较小。

第七章　典型县（市）数字普惠金融发展案例分析

县域数字普惠金融发展指数研究是认识中国县域数字普惠金融发展状况和问题的一大途径。为了进一步把握中国县域数字普惠金融发展状况和问题，我们选择了一些典型县（市），实地调研和分析了这些县（市）的数字普惠金融发展的现状、程度、特点、政策以及存在的问题。县域数字普惠金融发展指数研究与典型县数字普惠金融发展案例分析可以发挥互补作用，有助于我们较为全面系统地认识和把握中国县域数字普惠金融发展的总貌。

从六个典型县（市）的调研和其他案头分析结果来看，总体上讲，县域数字普惠金融服务仍集中于数字支付和小额短期数字信贷，数字保险、数字理财等服务严重缺失。仅就数字信贷服务而言，虽然各类机构都推出了数字信贷产品，但是信贷服务仍不充分，远远不能满足需求。国有银行和股份制银行等大型银行数字信贷业务的贷款客户数量很少、期限较短，且大多需要辅以线下尽职调查或抵押担保手续；农村信用社系统金融机构的数字信贷业务则以线下存量客户线上化为主，增量客户有限，且一些县（市）的数字信贷产品只能实现个别环节线上化；大型金融科技平台公司的数字信贷产品授信额度相对较低、利率较高。县域数字信贷产品供给无论是从总量上、期限上还是从产品服务多样性上都远远不能满足县域数字普惠金融服务的需求。

一 典型县（市）的选择、调研的组织实施以及基本情况

本报告根据一定的选择依据，在全国东部、中部、西部三个区域各选取了两个县（市）进行了案例研究。下面介绍典型县（市）的选择、调研的组织实施、典型县（市）的基本社会经济状况和金融发展状况。

（一）典型县（市）的选择与调研的组织实施

在典型县（市）的选择标准上，本报告关注三个方面的因素：一是所选择的县（市）的农业占有重要地位；二是金融发展水平适中，不过于发达，也不过于落后；三是具有地域代表性。选择标准主要包括两个核心指标：一是2017年县域第一产业增加值在地区生产总值中的占比超过全国平均水平（即7%）；二是2017年县域人均贷款余额在全省的排名居中。① 同时，为了兼顾差异性，综合考虑了各县（市）的人均地区生产总值、县域贷款余额在地区生产总值的占比以及存款余额在地区生产总值的占比。最终在东部地区选择了山东省寿光市、福建省福鼎市，在中部地区选择了河南省兰考县、安徽省蒙城县，在西部地区选择了陕西省武功县、广西壮族自治区全州县作为典型县（市）。各县（市）的具体指标如表7-1所示。

表7-1　　　　六个典型县（市）2017年各指标情况

名称	山东省寿光市	福建省福鼎市	河南省兰考县	安徽省蒙城县	陕西省武功县	广西壮族自治区全州县
第一产业增加值在地区生产总值的占比（%）	11.77	14.53	13.85	19.44	16.70	30.34

---

① 为了与主报告数据年份保持一致，使案例分析与指数分析具有一定的互鉴性，选择典型县（市）时参照指数分析基年2017年的数据。

续表

名称	山东省寿光市	福建省福鼎市	河南省兰考县	安徽省蒙城县	陕西省武功县	广西壮族自治区全州县
人均贷款余额（元）	66690.25	71229.83	17419.17	17830.24	8933.53	13871.98
人均地区生产总值（元）	78792.30	57913.52	32863.03	19000.96	31310.00	20359.43
贷款余额在地区生产总值的占比（％）	84.64	122.99	53.01	93.84	28.53	68.14
存款余额在地区生产总值的占比（％）	64.23	40.43	57.73	81.54	78.75	91.8

资料来源：根据中经网统计数据库发布的数据计算。

（二）典型县市的基本社会经济发展状况

本报告选取的六个典型县（市）在经济发展水平、产业结构、人口规模、城镇化程度、财政收入支出、人均收入方面都存在明显差异。

寿光市是山东省潍坊市代管的县级市，位于山东省中北部沿海平原区。寿光市是全国最大的蔬菜生产基地和集散中心，寿光蔬菜以产业化水平高、面积大、产量高、品质优、品种全而闻名全国。寿光市总面积2072平方千米，耕地面积153.6万亩，海域面积30万亩；下辖5个街道、9个镇、1个生态经济园区、975个行政村。2018年总人口110.311万，其中农业人口59.4956万，非农业人口50.8154万。常住人口城镇化率在2018年达到61.91％。2019年，全市生产总值初步核算数据为768.10亿元，三次产业结构比为13.2∶42.8∶44.0。2019年寿光市城乡居民人均可支配收入34798元，其中城镇居民人均可支配收入43250元，农村居民人均可支配收入22484元，城乡居民可支配收入比为1.92∶1。2019年，寿光市全市财政总收入161.0亿元，一般公共预算支出101.3亿元，其中，农林水支出12.4

亿元。福鼎市位于福建省东北部，东南濒东海，是闽东渔场的重要组成部分。

福鼎市是福建省最大的有机茶生产基地，特别是福鼎白茶，是中国名牌农产品，拥有中国驰名商标、国家地理标志证明商标，被评为"中华文化名茶"。福鼎市土地总面积1526.31平方千米，海域面积14959.7平方千米，耕地面积27.39万亩，人均耕地面积0.46亩。福鼎市下辖17个乡镇及开发区，含36个社区居委会、250个村（居）委会。2019年年末全市户籍人口60.57万，常住人口54.20万，其中城镇人口33.06万，乡村人口21.14万，城镇化率为61.00%。2019年福鼎市地区生产总值418.04亿元，人均地区生产总值77128元。三次产业结构比为14.0∶54.9∶31.1。2019年，福鼎市全体居民人均可支配收入28627元。其中，农村居民人均可支配收入17933元，城镇居民人均可支配收入38307元。2019年，福鼎市一般公共预算总收入29.81亿元，一般公共预算支出40.45亿元。

兰考县位于河南省东北部，是豫东北通往鲁西南的重要门户，区位优越，交通便利。兰考县的主导产业为家居及木制品加工产业、食品及农副产品深加工产业。兰考县总面积1116.2平方千米，其中耕地面积785.8平方千米；下辖3个街道、5个镇和8个乡，436个村民委员会、22个社区居民委员会。全县总人口87.01万，常住人口65.29万，其中城镇常住人口28.45万。2019年，兰考县城镇化率达43.59%。2019年全县生产总值389.87亿元。三次产业结构比为14.9∶45.3∶39.8。2019年全县居民人均可支配收入18228元，其中城镇居民人均可支配收入27231元，城镇居民人均消费性支出20323元；农村居民人均可支配收入13126元，农村人均生活消费支出13120元。2019年地方财政总收入40.47亿元，一般公共预算收入25.20亿元，一般公共预算支出78.53亿元。

蒙城县位于安徽省西北部，居皖北六个地级市的中心位置，气候温和，雨热同期。蒙城县总面积2091平方千米，耕地面积220万亩，下辖15个乡镇、2个办事处、1个工业园区和1个林场。2018年年末全县户籍人口总户数35.02万户，总人口144.85万，其中，城镇人口31.08

万，乡村人口113.77万。人口城镇化率为21.46%。2019年，全县实现生产总值383.60亿元。三次产业结构比为15.7∶27.7∶56.6。2019年，蒙城县全体居民人均可支配收入20592元；城镇居民人均可支配收入32557元，消费支出18162元；农村居民人均可支配收入14460元，消费支出11533元。2019年，蒙城县一般公共预算收入35.23亿元，一般公共预算支出70.87亿元。

武功县位于陕西省关中平原中部、咸阳市西部，地势平坦开阔，地理位置优越，是关中地区重要的交通枢纽和物资集散地。近年来，武功县着力打造"买西北·卖全国"的电商枢纽地位，力图发挥"中华农都·电商新城"的门户效应，主要销售产品为干果、鲜果等农产品，为西部地区第一大农产品电商销售县。武功县全县总面积397.8平方千米，耕地面积42.5万亩。下辖7个镇、4个社区、1个街道，含190个村民委员会和6个社区居委会。截至2019年年末，武功县户籍年末总户数12.86万户，户籍总人口43.87万，其中，非农人口15.87万，农业人口28万。常住总人口41.48万，其中城镇人口19.29万，城镇化率达45.97%。2019年武功县地区生产总值完成153.16亿元，三次产业结构比为15.2∶45.2∶39.6。2019年，武功县全体居民人均可支配收入为19415元，其中城镇居民人均可支配收入为36451元，农村居民人均可支配收入为12349元。2019年，武功县地方财政收入完成2.23亿元，地方财政支出达到26.95亿元。

全州县地处湘江上游，是桂林市域副中心城市，素有"广西北大门"之称，是广西通往中原、华东的桥头堡和门户城市，是内陆各地进入西南出海大通道的必经之地，自古以来是桂北湘南的区域中心和商品集散中心。全州县是农业大县，当前主推现代特色农业发展，推进优质谷物、水果、蔬菜（"三辣"）、金槐、食用菌、禾花鱼、肉牛肉羊、生猪8大种养产业，以及富硒农业、有机循环农业、休闲农业3个新兴产业转型升级。全州县总面积4021.19平方千米，耕地面积106.15万亩。下辖15镇3乡，含272个行政村，14个社区居委会，286个村委会，共3448个自然村。2019年年末全县户籍总人口84.50万，其中城镇人口17.85万，农村人口66.65万。常住总人口66.98

万，城镇化率为35.29%。2019年全州县地区生产总值完成173.32亿元，人均地区生产总值25932元。三次产业结构比为39.1∶13.2∶47.7。2019年，全州县全体居民人均可支配收入22392元，其中城镇居民人均可支配收入为35545元，农村居民人均可支配收入为16233元。2019年，全州县地方财政收入完成8.8178亿元，其中一般公共预算收入5.61亿元。全县一般公共预算支出达到46.39亿元。

六个典型县（市）的2019年社会经济发展基本情况比较具体见表7-2。

表7-2 六个典型县（市）2019年社会经济发展基本情况

指标	寿光市	福鼎市	兰考县	蒙城县	武功县	全州县
面积（平方千米）	2072	1526.31	1116.2	2091	397.8	4021.19
常住人口（万人）	110.311	54.2	65.29	116.1	41.48	66.98
城镇化率（%）	53.93	61.00	43.59	21.46	45.97	35.29
地区生产总值（亿元）	768.10	418.04	389.87	383.60	153.16	173.32
三次产业结构比	13.2∶42.8∶44.0	14.0∶54.9∶31.1	14.9∶45.3∶39.8	15.7∶27.7∶56.6	15.2∶45.2∶39.6	39.1∶13.2∶47.7
人均可支配收入（元）	34798	28627	18228	20592	19415	22392
农村居民可支配收入（元）	22484	17933	13126	14460	12349	16233
一般公共预算总收入[①]（亿元）	94.4	29.81	25.2	35.23	2.23	5.61
一般公共预算总支出（亿元）	101.3	40.45	78.53	70.87	26.95	46.39

注：①武功县一般公共预算收入和支出为财政总收入和总支出。

资料来源：各县（市）发布的2018年或2019年国民经济和社会发展统计公报。

(三) 典型县 (市) 的金融发展状况

总体上讲，六个县（市）的县域金融基础设施都相对完善，包括传统网点、离行式自助设备、ATM、POS 机、助农 E 终端等形式的普惠金融服务设施可以实现行政村全覆盖，在大一些的行政村，便民存取款和缴费服务可以下沉到自然村。同时，六个县基本实现了县域宽带全覆盖，宽带网络可以覆盖绝大多数自然村，手机 4G 网络可以覆盖全部自然村，这为数字支付推广提供了极大便利，使用扫码支付的商户覆盖率可达到 70% 以上。

然而，六个县（市）的县域普惠金融服务水平差异较大。农村信用社系统金融机构、农业银行各县（市）支行、邮储银行各县（市）支行是县域主要的支农支小金融机构。从全县（市）银行类金融机构数量来看，最多的寿光市有 23 家机构，最少的武功县仅有 5 家机构。从 2019 年全县（市）存款规模来看，寿光市最大，达到千亿元级别；蒙城县次之，为 409.45 亿元；福鼎市、兰考县、全州县存款规模均为 200 余亿元；武功县为 156.45 亿元。从 2019 年全县（市）贷款规模来看，寿光市最大，为 900.60 亿元；福鼎市次之，为 463.42 亿元；蒙城县、兰考县、全州县、武功县贷款规模依次递减，分别相差约 100 亿元。从 2019 年全县（市）存贷比来看，福鼎市存贷比高达 164.08%，蒙城县达到 88.79%，兰考县、寿光市均超过 70%，全州县为 63.35%，武功县为 30.76%。

其中，农村信用社系统金融机构是县域支农支小的主力军，2019 年年末各县（市）农村信用社系统金融机构存款余额占全县存款余额的比重都超过 30%，其中全州县最高，达到 51.57%，兰考县和武功县超过 40%。但是，2019 年年末各县（市）农村信用社系统金融机构贷款余额占全县贷款余额比重差异较大，占比最高的武功县和全州县都达到或超过了 65%，兰考县、蒙城县、寿光市占比为 30% 左右，福鼎市仅为 14.03%。农村信用社系统金融机构存贷比差距也较大，存贷比最高的蒙城县和全州县都达到或超过 80%，福鼎市为 76.47%，寿光市、兰考县和武功县分别为 62.76%、58.04% 和 43.93%（如表 7-3 所示）。

表7-3　　六个典型县（市）2019年县域金融发展基本情况

指标	寿光市	福鼎市	兰考县	蒙城县	武功县	全州县
全县（市）银行类金融机构数量（家）	23	10	10	10	5	10
全县（市）存款规模（亿元）	1256.00	282.43	274.84	409.45	156.45	223.01
全县（市）贷款规模（亿元）	900.60	463.42	210.7	363.56	48.13	141.27
全县（市）存贷比（%）	71.70	164.08	76.66	88.79	30.76	63.35
农信社系统金融机构存款余额（亿元）	379.97	85.00	111.38	130.74	73.42	115.00
农村信用社系统金融机构存款余额占全县存款余额比重（%）	30.25	30.10	40.53	31.93	46.93	51.57
农村信用社系统金融机构贷款余额（亿元）	238.47	65.00	64.65	106.81	32.25	92.00
农村信用社系统金融机构贷款余额占全县贷款余额比重（%）	26.48	14.03	30.68	29.38	67.01	65.12
农村信用社系统金融机构存贷比（%）	62.76	76.47	58.04	81.70	43.93	80.00

资料来源：课题组调研访谈获得的信息和部分县（市）年鉴中发布的信息。

（四）比较分析

总体上讲，六个县（市）在经济发展水平、产业结构、人口规模、城镇化程度、财政收入支出、人均收入方面都存在明显差异且形成一定梯度。寿光市和福鼎市城镇化程度较高，地区生产总值大，第一产业占比略低，城乡居民可支配收入较高，财政收支相对较平衡，县域金融服务能力较强，人均贷款余额、贷款余额与地区生产总值的比值均处于较高水平，县（市）金融机构数量较多，县域贷款余额、存贷比也处于较高水平，农村信用社系统金融机构在当地金融市场的占比相对较小。兰考县和蒙城县在地区生产总值、人均可支配收入、财政收支水平方面基本接近，而蒙城县人口规模明显更大、城镇化率更低，但第三产业占比更高。虽然两县县域金融机构数量均为10家，人均贷款余额比较接近，农村信用社系统金融机构在当地金融市场的占比也接近，略高于寿光市，但蒙城县贷款余额与地区生产总值的比值和存贷比均远高于兰考县。武功县和全州县的地区生产总值和财政收支状况基本接近。全州县城镇化率略低、第一产业占比更高，但人均收入水平明显更高，县域金融服务水平也较高，县域金融机构数量、人均贷款余额、贷款余额与地区生产总值的比值、存贷比等指标都明显更高。两县农信社系统金融机构存贷款余额在当地金融市场的占比接近，但全州农村合作银行的存贷比明显更高。通过以上分析可以发现，县域金融服务水平与经济发展、产业结构、人口规模等因素存在一定关系，但并非简单的正相关关系，当地金融市场竞争程度、金融机构服务能力等因素的作用值得关注和挖掘。

二 典型县（市）数字普惠金融发展

在县域提供数字普惠金融服务的金融机构包括传统金融机构和科技金融平台机构。一般情况下，传统金融机构在县域设有物理网点，而科技金融平台机构不设物理网点。不同金融机构提供数字普惠金融服务的能力存在差异，而县域数字普惠金融发展水平主要由各类金融机构在县域提供数字普惠金融服务的总体能力及其实际发挥来综合体现。

（一）一般背景

依据数字普惠金融服务涉及的类型，中国传统金融机构提供县域数字普惠金融服务的发展可分为以下四个阶段。第一阶段，金融机构开始发展简单的数字普惠金融业务，有能力提供线上付款缴费等数字支付服务，在线上展示线下产品；第二阶段，金融机构开始有意识地推广客户信息数据线上化，利用互联网、大数据等技术手段挖掘并整合客户信息，实现客户精准画像并精准授信；第三阶段，金融机构利用金融科技手段实现线上申请贷款、审批贷款、发放贷款和还贷，但需要线下尽职调查和面签配合进行风控；第四阶段，金融机构积累了足够多的动态数据信息，可以实现对客户的实时精准画像，建立相对完备的风控模型,能够动态授信并实现数字信贷的纯线上运作,可以发放相对大额的数字信用贷款,并提供简单的数字理财、数字保险等服务,服务能力较强。总体上讲,目前中国很多传统农村金融机构在提供数字普惠金融服务方面基本上处于第二阶段和第三阶段,也有很多(如多数村镇银行和农业保险公司)还没有进入第二阶段,少数则在朝着第四阶段发展。

与传统金融机构相比,金融科技平台公司提供数字普惠金融服务的发展历程大致分为两个阶段:第一阶段,借助支付场景,提供第三方支付服务;第二阶段,借助支付场景和第三方支付扩大客户基础,沉淀客户基本数据、交易数据和行为数据,提炼大数据,对客户实时精准画像和数字信用评级,建立了相对完备的风控模型,可以实现动态数字授信和发放金额相对较小的数字信贷,并可以提供简单的数字理财、数字保险等服务,服务能力较强。

(二)典型县(市)数字普惠金融发展的主要模式

在六个典型县(市),农业银行、各县(市)农村信用社系统金融机构、科技金融平台机构的数字普惠金融业务发展模式各具特色。

1. 典型县(市)农业银行的数字金融业务模式

2018年以来,农业银行研发的农户信息档案系统在各典型县(市)陆续上线使用,充分运用人脸识别、联网核查等新技术,使农户信息档案系统具备了手机移动端信息采集、内外部多维数据导入、农户信息档案建立、授信额度测算、白名单审批等多项功能,可为农户信息建档工作提供全流程系统支撑,在有效提高工作效率、提升数据真实性、准确性和安全性的基础上,实现为农户精准画像。具体来说,首先进行农户和小微经营主体信息数据的线上化采集。农业银行工作人员在各行政村开展数据信息采集,整村推进,先与村两委、扶贫驻村干部以及村里能人保持联络,初步把村里信用不好、好吃懒做的人识别出来不予授信,把有信贷需求且信用良好的农户识别出来做有效授信。然后在村里物色合适的干部或有威望的农户作驻村联络官,想要申请贷款的农户通过驻村联络官与信贷员取得联系,提交申请后会有至少2位信贷员到农户家里,将农户信息采集到信贷员手机上安装的"移动C3"App中并上传至后台,进行农户信息档案建立和授信额度测算。授信后,农户就可以通过手机App实现线上申贷、审贷、放贷、还贷。一次授信可以在三年内循环用信,随借随还。申请后,贷款几秒钟就可以到达农户账户。

农业银行各县(市)支行的数字信贷产品主要包括"惠农e贷""抵押e贷""纳税e贷"三大类。"惠农e贷"是依托互联网大数据分析技术,专门为农民设计的一款线上化、批量化、便捷化、普惠化的贷款产品,它主要采取信用方式发放贷款,也支持政府增信、法人保证、抵押质押等多种担保方式,采取线上线下相结合的方式办理贷款。农户获得授信后可以在柜台办理申请信贷,也可以通过网上银行、手机银行在线提交贷款申请,系统自动审查审批,贷款快速到账。但是农户首次用信时一定要与银行工作人员见面签订信贷合同。一次授信可循环用信、随借随还,按实际使用天数计息。贷款起点额度为3000元,最高额度可达200万元,30万元以下贷款可以做免抵押、免担保的信用贷款,在陕西省,30万—200万的贷款可申请由陕西省农业信贷融资担保有限公司提供担保;贷款有效期最长为5年,有效期内单笔贷款期限可根据客户实际需要确定;贷款利率根据借款人信用状况、担保方式等情况综合确定,实行优惠利率,约为年5.025%;根据贷款期限可采取定期结息、到期还本、一次性利随本清、等额本息分期等多种还款方式。

"抵押e贷"以居住用房、办公用房、商业用房、工业用房等优质房产抵押作为主要担保方式,农行首先会对抵押品做评估,然后根据贷款用途确定授信额度,为小微企业核定可循环使用的贷款额度,金额最高200万元,额度有效期最长10年。"抵押e贷"产品以互联网技术为依托,实现小微企业信贷业务在线申请、押品在线评估、系统智能审批,小微企业可以通过企业网银、个人掌银等电子渠道实现贷款自主申请、自助循环用款、还款。"抵押e贷"可有效盘活小微企业固定资产,满足其长周期、大额度的贷款需求。

"纳税e贷"是针对小微企业的半线上产品,只要纳税企业经营年限为2年以上,纳税信用等级B级以上,近12个月纳税总额在2

万元以上，近2年无税务失信情况，就符合授信条件。申请贷款无须提供任何抵质押担保，只需授权农业银行使用企业税务数据，便可申请办理贷款。"纳税e贷"依托税务、工商、征信、结算等多维度数据为客户精准画像，应用金融科技实现全流程线上运作，小微企业可通过网银、掌银随时随地发起申请，审批系统在线实时反馈审批结果，实现税务增信，秒审秒批。"纳税e贷"授信额度最高可达100万元，贷款额度一次核定即可循环使用，小微企业可根据经营所需随时提款、还款。

2. 典型县（市）农信金融机构的数字金融业务模式

2018年以来，各典型县（市）的农信机构陆续开始推进数字化农户精准建档评级工作。各地农信机构的做法各具特色，进展各不相同。比如陕西省武功县信用联社采取了"整村授信"的农户精准建档评级授信工作。"整村授信"的一般做法如下：首先，客户经理采取驻村扎点的方式，对村落进行精细化电子版网格图绘制，对照网格图参考村干部以及评议小组成员对村民进行初步评议，依据评议中的客户分级信息，挑选优质客户分别入户开展数字化精准建档，将客户信息录入平板电脑信息采集系统并上传至后台进行建档和授信测算；其次，归集客户信息进行二次评议，选定优质信用户，召开"整村授信"启动大会，在会上进行集中发放信用户授信牌并进行宣传动员，通过在村庄张贴阳光服务公示、悬挂条幅、村内广播、村民微信群等多种方式进行广泛宣传，在此基础上，再由村委会人员或其他村内关键人员带领入户面谈，确保每一户知晓"整村授信"的内容和产品；再次，根据绘制的村（社区）网格化地图，对所有住户定点定位，根据不同的客户分类在网格化地图上区别标识，将获取的农户职业、家庭人口、财产状况等信息录入平板电脑等移动终端系统，并根据收集的村民信息，由评定小组成员对村民人品、信用、发展能力等进行评价打分；最后，经过外部评议，在网格图内进行客户标识，按照客户营销价值分别标识为A、B、C三类，同时成立入户信息采集小组，对经评议符合授信条件但未授信的客户，采取走村入户的方法进行宣传营销，入户采集客户借贷情况等财务"热信息"，并宣传数字金融产品。

各典型县（市）的农信机构也陆续推出了各类依托手机银行、针对个人客户的纯线上信用贷款产品，授信后可以随用随贷，用于满足个人生产经营周转、购车、装修、购物、旅游等资金需求，最高额度为 20 万—50 万元不等。在武功、寿光、全州、福鼎，个人贷款客户可以通过数字银行 App、网银、助农 E 终端实现线上申请贷款、线上签约、线上还款等，已获得授信的个人贷款客户基本可实现"在线 3 分钟申请，1 分钟审批，极速到账"。不过第一次申请贷款一般需要一次面签。如果是循环贷款，其后续贷则不需要再次面签。这类数字信贷产品总体上包括三类产品，一是以农户为目标客户，可用于家庭消费和生产经营周转，一般授信额度是 5 万元；二是以个体工商户或小微企业主为目标客户，可用于生产经营周转，一般授信额度为 10 万元；三是以辖内有固定收入的城镇居民为目标客户，可用于家庭综合消费，最高授信额度为 30 万元。比如武功信用联社开发了依托手机银行、针对个人客户的纯线上信用贷款产品"秦 e 贷"，包括针对农户的"e 农贷"、针对个体工商户或小微企业的"e 商贷"，以及针对城镇居民的"e 享贷"。

3. 网商银行的县域数字金融发展模式

2017 年 4 月，网商银行借助大数据＋互联网技术，开始探索与县域合作，基于政府在行政行为和公共服务过程中产生的涉农数据，协同各地政府建立区域专属授信模型，开发出针对农户的无抵押、免担保的纯信用线上贷款。截至 2020 年 3 月，该业务已经与全国 25 个省（自治区、直辖市）的 550 个县域合作，在所有合作县域中信贷业务余额近 520 亿元。2019 年，网商银行在县域合作的基础上，探索利用卫星遥感技术及高光谱识别技术，以县域为单位，建立一套可以验证种植大户生产经营数据的方法，实现农户—地块—作物三要素的匹配验证，为县域内新型农业生产经营主体提供更便捷、更精准和额度更加适配的信贷服务。截至 2020 年 3 月，已经为约 70 万种植大户提供总授信超 300 亿元。

网商银行县域数字金融服务具有以下特点：

一是业务在线化、数据化。一方面，支付宝积累的交易数据和行为数据信息覆盖了40%—80%的县域农业户籍人口，网商银行可以利用这些数据将大数据技术运用于风险授信决策和建立含有农户多层风险分级的授信模型；另一方面，在贷后阶段，网商银行对风控策略进行有效性追踪分析，并及时收集和反馈农户的支用和还款信息，实现贷后有效管理的同时，根据实际业务数据修正预授信模型，进一步下探授信准入人群。基于此，不同的用户可以获得"花呗""借呗""网商贷"等不同类型、不同额度和不同利率的数字信贷服务。此外，基于大数据技术，用户还可以在线上参与投资风险偏好评估，并在线上购买与自身风险偏好相匹配的基金、理财、保险等金融产品。

二是无抵押免担保。得益于大数据的集合优势，网商银行依托自身数据与外部数据的融合，不断打造和丰富行业化和区域化相结合的授信决策模型。网商银行采取了与县级政府签署专门合作协议的模式，签约后，县级政府机关将政府在行政行为和公共服务过程中产生的数据，例如土地确权流转、农业补贴等数据，统一归集到网商银行协助当地政府建立的"专属授信风控模型"（数据权属仍归当地政府和居民），并基于此作为动态确定和调整单户授信额度的依据，单户授信额度从几千元至几十万元不等，从而实现无抵押免担保的信贷模式。

三是快速获贷，随借随还。农户数字信贷业务的申请、支用、还款等全流程通过支付宝完成，全面实现了在线化操作，无须任何人工审核。农户3分钟申请贷款，1秒钟放贷，全程0人工干预。同时深入了解"三农"的资金使用特点，提供按日计息、随借随还的计息方式，借款的时间可以灵活设定，准确匹配农户的生产经营资金需求。

（三）典型县（市）数字金融业务发展情况

由于各种客观因素限制，本课题组在六个典型县（市）仅获得了部分传统金融机构数字普惠金融业务在某一时点的截面数据和部分科技金融平台机构近三年的同比发展数据，两类数据无法放在一起进行分析，因此，本报告分别介绍典型县（市）传统金融机构数字普惠金融业务发展状况和科技金融平台机构数字普惠金融业务发展状况。

1. 典型县（市）传统金融机构数字普惠金融发展状况

总体来看，六个典型县（市）传统金融机构数字普惠金融业务在产品设计上存在一定差异，但差异不大，而在数字金融业务授信总额、授信客户数量、实际用信总额、实际用信客户数量等方面存在明显差异。

（1）寿光市数字普惠金融发展状况

2018年9月以来，农业银行寿光支行推广银联云闪付和农行掌银，农行掌银用户已达32万，累计为259家小微企业办理线上贷款。截至2020年7月末，农业银行寿光支行线上贷款申请客户数达1060户，占全部客户数的14%，全部可实现线上审批。其中农户和现代农业经营主体客户为248户，占线上审批客户数的23.4%。线上直接批准贷款额达9656万元，其中农户和现代农业经营主体客户审批贷款额达2468万元，占25.56%。农行线上小微贷款余额达1.02亿元。

截至2020年7月末，寿光农村商业银行信e贷纯线上贷款用户达1.65万户，贷款余额达23.2亿元，线上贷款户数占全部个人贷款户数的32%。2019年寿光农村商业银行全年累计受理线上贷款申请8782笔，累计金额达13.18亿元，占当年新增贷款申请客户总数的62%。通过线上受理的贷款中，有6740笔共计9.79亿元通过线上办贷系统进行客户信息采集、评级测算、审查审批，线上系统审批贷款笔数占比达76%，金额占比达74%。

（2）福鼎市数字普惠金融发展状况

截至2020年7月末，农行福鼎支行以茶农为主要发放对象的"惠农e贷"授信户数达6800余户，授信金额约6亿元，用信金额约5亿元；另有针对茶农的"白茶贷"已覆盖16个乡镇150个村的5930户农户，授信金额达45500万元；授信白茶企业21户，授信金额为6015万元。截至2020年7月末，福鼎农村商业银行对农户的线上授信户数达到4万余户，总授信额度约80亿元，用信额度约60亿元。

(3) 兰考县数字普惠金融发展状况

至 2019 年年末，农业银行兰考支行受理线上贷款申请 1943 笔，共计 15404 万元，占全部贷款余额的 3.6%，线上直接批准贷款 285 笔，总额达 4666 万元，其中，发放 "纳税 e 贷" 111 户，共计 3659 万元，发放 "网捷贷"① 174 户，共计 1007 万元，发放针对农户和现代农业经营主体的 "惠农 e 贷" 1658 户，共计 10738 万元。兰考农村商业银行 2019 年发放线上贷款 1305 笔共计 13599 万元；2019 年农村商业银行信用贷款 13982 笔，占全部贷款笔数的 80.25%，信用贷款总额达 128610.52 万元，占全部贷款余额的 19.89%。截至 2019 年年末，邮储银行兰考支行线上放款 151 笔共计 1781 万元，线上贷款客户数量占全部贷款户数的 7.69%，其中农户 90 户，共计 1068 万元，线上申请贷款的批复率为 20%。

(4) 蒙城县数字普惠金融发展状况

截至 2020 年 7 月底，蒙城县全县银行类金融机构累计完成数字授信 2646 户，共计 20647 万元，实际用信 2149 户，共计 13373 万元，其中，为 16 家新型农业经营主体授信 168 万元。截至 2020 年 7 月末，蒙城农村商业银行通过 "金农信 e 贷" 系统累计授信 1195 户，共计 7527 万元，用信 1165 户，共计 5619.64 万元，占线上授信总人数和总金额的近一半。

(5) 武功县数字普惠金融发展状况

截至 2020 年 6 月，武功农村信用社的客户中获得线上授信的客户大约为 10 万户，获得过线上贷款的客户有 3000 多户，授信总金额达 25 亿元，实际用信的线上信用贷款余额为 4.6 亿元，线上抵押贷

---

① "网捷贷" 针对中国农业银行住房按揭贷款客户或连续按时缴纳住房公积金且个人征信报告中有近 6 个月公积金记录的客户，申请人只要登录农业银行网上银行（K 宝客户）、手机银行，可以随时随地在线申请、在线签约、全自动实时审查审批、自动放款、实时到账。贷款信用额度发放到与网上银行或手机银行绑定的借记卡上，客户在 1 个月内持卡通过 POS 机刷卡或网络购物的方式，进行 1000 元以上的消费，都可以触发 "网捷贷" 的信用使用条件（《农行推出分分钟到手的网络自助信贷产品 "网捷贷" 在内蒙古地区上线》，新浪网，http://nmg.sina.com.cn/news/finance/2016-11-22/detail-ifxxwrwk1672821.shtml）。

款合计约为13亿元。农业银行武功支行自2018年开始投放"惠农e贷"产品,截至2020年6月,"惠农e贷"余额为5600万元。

(6)全州县数字普惠金融发展状况

截至2019年年末,全州农村合作银行大力推广"云闪付"数字支付,全县"云闪付"用户达34806户。农业银行全州支行从2020年开始推出线上贷款,可发放最高额度为30万元的信用贷款,2020年1—7月共投放农户贷款4000多万元,其中线上授信户数为100余户,通过手机端线上申请与发放的贷款累计达到2000余万元。

2. 典型县(市)科技金融平台机构数字普惠金融发展状况

典型县(市)科技金融平台机构数字普惠金融业务大多开始于2015—2016年。单从同比增长率来看,网商银行在六个典型县(市)的县域授信账户数、授信额度、实际用信账户数、贷款余额都保持了较高的同比增长率,在县域授信账户数方面,寿光市、蒙城县、武功县和全州县三年同比增长率都超过100%,福鼎市略低,兰考县波动较大;在授信额度方面,六个县(市)也都保持了较高增长率,且除福鼎市、武功县外,其他四个县(市)2018年都出现了大增长;在实际用信账户数和贷款余额方面,大部分县(市)在2017年和2018年高速增长的基础上,2019年增长率稳定回落(如表7-4所示)。

表7-4 2017—2019年网商银行在六个典型县(市)的县域数字普惠金融发展情况 单位:%

指标	年份	寿光市	福鼎市	兰考县	蒙城县	武功县	全州县
授信账户数同比增长	2017	100.19	72.77	112.95	116.98	147.59	135.54
	2018	111.16	67.94	428.74	126.00	172.85	130.69
	2019	102.30	95.36	88.32	116.24	131.28	140.60
授信额度同比增长	2017	79.74	90.80	90.36	68.59	51.75	99.48
	2018	96.28	72.11	183.85	101.15	74.73	112.06
	2019	79.79	60.92	97.61	82.38	84.46	88.29
实际用信账户数同比增长	2017	629.50	611.91	771.83	797.93	830.69	1243.85
	2018	147.38	80.03	697.72	162.19	250.11	223.64
	2019	40.44	48.78	2.56	54.92	31.66	47.01

续表

指标	年份	寿光市	福鼎市	兰考县	蒙城县	武功县	全州县
贷款余额同比增长	2017	1101.86	1621.34	1431.17	1217.47	1667.55	2082.81
	2018	108.29	33.44	345.18	121.27	145.60	132.71
	2019	57.62	73.47	32.09	63.31	70.39	44.24

资料来源：表中数据由网商银行提供。

横向来看，对比六个典型县（市）在全国全部县（市）的县域数字普惠金融发展总指数得分排名和服务广度、服务深度、服务质量三个方面指数的得分排名可以发现，寿光市在总指数得分和服务广度方面排名相对稳定，在服务深度方面排名提升较快，在服务质量方面排名出现大幅提升；福鼎市在总指数得分、服务广度、服务深度方面排名相对稳定，但在服务质量方面排名提升很快；兰考县在总指数得分、服务广度、服务深度方面排名提升都非常快，但在服务质量方面2019年排名出现大幅提升；蒙城县在总指数得分和服务深度方面排名相对稳定，在服务广度方面2019年出现明显提升，但在服务质量方面连续两年排名出现大幅下降；武功县和全州县在总指数得分和服务广度方面排名提升非常快，同时，武功县在服务深度和服务质量方面的排名也保持了较快的进步，而全州县则出现连续下降（如表7-5所示）。

表7-5 六个典型县（市）在全国县域数字普惠金融发展指数排名中的变动情况

排名及排名变动	寿光市	福鼎市	兰考县	蒙城县	武功县	全州县
2017年总指数排名	257	45	397	242	775	570
2018年总指数排名	222	41	118	285	376	424
2019年总指数排名	214	17	74	188	244	227
2018年较2017年						
总指数得分排名变动	35	4	279	-43	399	146
服务广度得分排名变动	-7	-9	266	10	253	267
服务深度得分排名变动	92	-2	575	36	291	-142

续表

排名及排名变动	寿光市	福鼎市	兰考县	蒙城县	武功县	全州县
服务质量得分排名变动	203	133	-55	-200	288	-122
2019年较2017年						
总指数得分排名变动	43	28	323	54	531	343
服务广度得分排名变动	-3	24	306	160	321	408
服务深度得分排名变动	88	9	624	15	419	-12
服务质量得分排名变动	240	130	160	-218	345	-189

注：数据为正值表明排名上升，数据为负值表明排名下降。

资料来源：本报告的县域数字普惠金融发展指数分析结果。

尽管科技金融平台机构的数字信贷产品标准化程度较高，在六个县（市）的产品服务类型基本无差别，但在服务广度、服务深度和服务质量得分变化方面存在明显差异。一些县（市）由于基础设施建设能力、城乡社会经济发展水平等因素限制，传统金融机构普惠金融服务能力弱，金融产品和服务内容单一，金融市场竞争不足，县域金融服务水平基础差，使新进入的科技金融平台机构的数字普惠金融技术优势得以充分发挥，服务广度和服务深度都迅速提升。而另一些县（市）由于基础设施条件较好、经济社会发展水平较高等先发优势，传统金融机构普惠金融服务能力强，金融产品和服务供给较充分，金融市场形成良性竞争，此时科技金融平台机构的数字普惠金融产品与传统金融机构的产品形成竞争互补关系，服务广度和服务深度相对稳步发展，县域数字普惠金融服务质量则显著提升。

（四）数字金融业务的财务绩效与社会绩效

这里可以从财务绩效和社会绩效两个方面分析县域数字普惠金融发展的绩效，以便较全面地评价县域数字普惠金融业务发展状况及其对县域社会经济发展产生的影响。

1. 财务绩效

由于数据保密要求、统计口径不一致等诸多客观限制，课题组未能获得各类金融机构数字金融业务的财务绩效数据,但受访的各家金融机构领导均表示数字金融业务财务绩效表现较好。第一,信贷管理效率明显提高。传统金融机构数字授信花费大量人力、财力、物力,近两年投入成本较高,且目前的数字信贷产品基本上是线上线下相结合,无论是针对较大额度信贷申请的贷前尽职调查还是最终签订贷款合同,贷款户和银行业务人员总要在线下见1—2次面,但是,授信后发放和管理数字信贷的成本确实大大降低,单个业务人员管理的贷款户数量大幅增加,管理效率得以明显提高。而互联网金融公司数字信贷早已实现"310模式",即3分钟在线申请、1秒钟审核放款、0人工干预,其对信贷管理效率的改进是颠覆性的。第二,目前各家金融机构的线上贷款质量均较好。大部分受访金融机构表示已发放的线上贷款均未产生不良贷款,个别金融机构表示有少量逾期贷款,但逾期期限普遍较短,不超过30天,未发生恶意拖欠违约的情况。根据2019年中国经济网发布的信息,网商银行中小企业贷款的不良贷款率在1%—1.5%。[①] 第三,数字金融业务能保持较高盈利水平。对于银行的存量客户,由于数字金融技术大幅降低了发放贷款的费用和客户违约风险溢价水平,数字信贷的单位管理成本得以明显降低,同时,数字化整村授信的推进、信息"白户"的大幅减少带来了大量增量客户,拓展了信贷业务量,因而在银行贷出资金成本和贷款利率基本稳定的条件下,数字金融业务保持了较高的盈利水平。

2. 社会绩效

数字金融业务发展取得了较好的社会绩效。第一,数字化授信的推广进一步扩大了县域金融服务的覆盖面。在数字化授信开展之前,虽然传统金融机构的服务基础设施已经覆盖了全县所有的行政村,但是,大量农户、新型农业经营主体、小微企业和个体工商户仍然是没有任何信用信息记录的"白户"。数字化授信开展以来,"白户"数量大大减少,县域获得授信的农户、个体工商户和小微企业的数量大

[①]《蚂蚁金服谈中小企业融资310模式:3分钟申请1秒钟放款》,中国经济网,http://cen.ce.cn/more/201904/26/t20190426_31952847.shtml,2019年4月26日。

幅增加。第二，数字金融增加了信贷服务的覆盖深度，使各类经营主体得以对接多层次、多样化的金融服务。数字化授信将以前受到正规金融机构排斥的小农户和小微经营主体纳入了数字信贷服务的供给范围，获得授信的经营主体在授信额度和授信期限内的小额、短期的信贷需求都能轻松得到满足，一些小农户几百元、几千元的信贷需求也能及时得到满足。第三，相对于传统金融，数字金融降低了客户为获得信贷需要支付的成本。一是降低了客户的非利息成本。传统金融机构的数字金融服务模式基本上还是线上与线下相结合的局部环节数字金融，即申贷、审贷、放贷、还款在线上，尽职调查、签约在线下；而科技金融平台机构的数字信贷可以做到从申贷到还款的纯线上服务，降低了传统借贷过程中在交通、洽谈、托关系、送礼等环节可能产生的各种显性和隐性成本。二是减少了信贷闲置，从而降低了利息成本。数字金融借助大数据技术对客户进行精准画像并给予精准授信，一次授信可以循环用信，随借随还，按日计息，这能够明显提升客户的资金使用效率，降低信贷利息成本。第四，数字金融大大提高了金融服务的便捷度和客户体验。相比传统方式，数字信贷的线上申贷、审贷和放贷的流程极大加快，客户从申请到获得贷款的时间极大缩短，便捷化程度明显提高，客户体验得到极大改善。第五，数字金融提高了传统金融机构的客户保护水平。授信后，客户可以在手机客户端随时清楚地看到自己的授信额度、贷款利率、还款期限等信息，以及不同贷款产品介绍等，这极大地提高了金融服务信息的透明度。同时，相比互联网金融公司，传统金融机构进行数字授信的依据还是客户家庭基本情况、财产信息等静态时点信息数据，缺少实时更新的动态信息数据，因而在放贷之前传统金融机构还是要做一定的线下尽职调查，特别是相对大额的贷款，信贷员需要和贷款户至少见一次面，这虽然花费了一些时间，但是可以作为客户保护的最后一道防线。特别是对于初次授信用信的客户，这次见面既是对客户用贷还贷能力的进一步确认，又是对其进行金融教育最直接有效的方法，因而这种保护是必要的。第六，金融机构的数字金融服务能够在一定程度上促进县域经济发展，提高社会信用水平。一方面，数字金融服务发展在一定程度上改善了县域各类经营主体的信贷可得性，这必然对增加交易量、提升经济活跃度、促进县域经济发展有一定促进作用；另一方面，数字信用档案建设的推进基本上将县域现有农户和小微经营主体全部纳入了社会征信体系，信用记录"白户"的数量大幅减少，农户的信用意识大大提升，这有助于提高县域整体的社会信用水平，改善当地信用环境。第七，科技金融平台机构引导资金回流农村。科技金融平台机构县域金融业务的存贷比远远超过100%，这是不争的事实。这些信贷资金更多来源于城镇居民和金融机构，最终流向县域小微经营主体和涉农经营主体，因而单从科技金融平台机构的资金流向来看，实现了农村地区资金净流入。这能够有效阻遏农村资金持续单向外流的状况，增加农村金融资源的供给，有力推动农村和县域经济的发展。

（五）进一步的比较分析

总体上讲，六个典型县（市）的县域数字普惠金融发展水平存在一定差异，不同金融机构的县域数字普惠金融服务能力处于不同发展阶段。第一，毫无疑问的是，近年来六个典型县（市）的县域数字普惠金融都得到了快速发展，对县域经济社会发展起到了明显的促进作用，产生了良好的社会绩效。第二，县域数字普惠金融仍处于发展的初级阶段。科技金融平台机构的数字普惠金融业务虽然起步较早，增长快速，客户覆盖广度扩展较快，但需要依托农村地区移动互联网的发展和智能手机的普及而发展，并受制于农村地区相对较低的互联网用户普及率和农村地区居民的生活习惯包括消费习惯。一般而言，在农村地区，县城和乡镇的小微经营主体的客户密度要大于农村客户群体，且人数增长均较快；传统金融机构数字普惠金融业务起步略晚，近两年数字化授信发展迅速，但在业务操作上基本以将原有线下存量客户线上化为主，增量客户数量有限。第三，在县域数字普惠金融服务发展阶段方面，不同金融机构处于不同阶段。传统金融机构的数字普惠金融服务基本上还是需要线上与线下相结合，虽然在技术上已经可以做到线上申贷、审贷、放贷、还贷，但还需辅以线下尽职调查和面签，这与银监会2010年发布的《个人贷款管理暂行办法》中的规定一致。① 而科技金融平台机构已经实现了全环节线上化。第四，各县（市）数字普惠金融服务不同维度的发展速度也存在一定差异。由于各地在城乡社会经济发展状况、数字金融基础设施条件、金融教育普及程度、金融市场竞争水平等方面存在差异，尽管科技金融平台机构的数字信贷产品标准化程度较高，其在各县（市）的服务广度、服务深度和服务质量的提升方面仍表现出差异。在传统金融机构普惠金融服务能力弱、金融市场竞争不足的县（市），科技金融平台机构的数字普惠金融服务广度和服务深度都迅速提升，服务质量虽然也有较大程度的提升，但不一定能保持同等幅度的提升。而在传统金融机构普惠金融服务能力强、金融市场竞争充分的县（市）[尤其是东部地区的很多县（市）]，科技金融平台机构的数字普惠金融服务广度和服务深度发展在观察期之前已经有了较大的提升，因此其在观察期虽然进一步提升，但相对而言只是稳步提升，而其服务质量相比之下更能够明显提升。传统金融机构数字信贷业务在各县（市）的做法大致类似，但针对不同的客户群体在数字信贷产品设计的细节上存在一定差别，其业务发展规模与当地社会经济发展、金融市场竞争状况、领导观念等诸多因素有密切关系。众所周知，科技金融平台机构的数字普惠金融业务发展倒逼了传统金融机构提升数字普惠金融服务能力，这种良性竞争最终促进了县域数字普惠金融发展水平明显提升。

三 典型县（市）数字普惠金融服务需求

县域数字普惠金融服务的需求主要来自县域数字普惠金融消费者群体，主要包括普通消费者、小农户、新型农业经营主体、个体工商

---

① 银监会2010年2月发布的《个人贷款管理暂行办法》中规定，贷款调查应以实地调查为主、间接调查为辅，采取现场核实、电话查问以及信息咨询等途径和方法；贷款人应建立并严格执行贷款面谈制度（中国银行保险监督管理委员会官网，http://www.cbirc.gov.cn/cn/view/pages/ItemDetail.html?docId=3140&itemId=928&generaltype=0）。

户、中小微企业主等。县域各类金融消费者群体对数字普惠金融服务的需求也具有层次性和差异性。

(一) 典型县(市)数字普惠金融服务需求的层次

从调研情况来看,县域各类金融消费者群体对数字普惠金融服务的需求可分为不同层次。数字支付需求属于第一个需求层次,数字支付需求既包括日常消费,也包括生产经营过程中支付和收取货款,各类主体在生活消费和生产经营中都或多或少地需要这一服务;及时获得信贷的需求属于第二个需求层次,处于这一需求层次的群体所需信贷往往金额不大、时间较短,信贷需求多为消费信贷需求或小额经营性信贷需求,他们往往长期受正规信贷约束,对利率不太敏感;获得相对低息且额度稍大信贷的需求属于第三个需求层次,处于这一需求层次的群体所需信贷金额往往稍大、单次使用信贷的时间较短但周转频繁,他们的正规信贷可得性相对较好,对利率比较敏感;获得长期、大额、稳定信贷的需求属于第四个需求层次,处于这一需求层次的群体往往是具有一定经营规模的中型或较大的经营主体,他们的正规信贷可得性较好,但是由于额度限制、审批手续复杂、需要抵押担保、还款方式具有刚性等因素,他们大多更偏好亲朋好友之间支付利息的借贷。

(二) 不同主体对数字普惠金融服务的需求及使用

为了更加具体地呈现县域各类金融消费者群体对数字普惠金融服务的需求特征,本课题组在每个典型县(市)都走访了普通消费者、小农户、新型农业经营主体、个体工商户、中小微企业主等主体,其中小农户、新型农业经营主体、个体工商户和小微企业主对数字普惠金融服务的需求及使用最具代表性。

1. 小农户对数字普惠金融服务的需求及使用

小农户对数字普惠金融服务的需求主要是数字支付需求和小额经营性信贷需求。提现是否需要支付手续费是很多小农户进行大额交易转账支付时选择支付工具的主要考虑因素。小农户对数字信贷的需求主要是及时、低息、期限灵活的经营性信贷需求,消费信贷需求较少。在被调查的县(市),小部分小农户既使用网商银行旗下的"网商贷"，也使用农业银行、农村信用社系统金融机构的数字信贷产品，授信额度一般在5万元以下，但很多小农户更多接触到的是传统金融机构的数字信贷服务，只具有传统金融机构的数字授信，未听说或未使用过科技金融平台机构的数字信贷。他们大多没有电商平台购物经历或较少使用支付宝账户，缺少相应的交易信息积累，因此即使少数小农户有科技金融平台机构的数字授信，授信额度也较小。小农户普遍对科技金融平台机构的数字信贷产品不了解也不信任，同等条件下更偏好传统金融机构的数字信贷产品。他们普遍对利率比较敏感，为了更低的利率可以放弃一定的便捷度，这也是他们更偏好传统金融机构的数字信贷产品的重要原因。

值得注意的是，在被调查的县（市），虽然很多小农户获得了数字授信，但是也有很多农户没有获得数字或非数字授信。即便提供了数字信贷，也要求农户至少面签贷款协议。在全国很多县（市），包括被调查县（市），很多农信机构正在用农户信用评级和授信软件把其线下信用评级整合到线上，并尝试通过模型提供参考性授信，还没有真正利用大数据进行信用评级和授信。这些做法不仅适用于小农户，也适用于其他需求主体。

2. 新型农业经营主体对数字普惠金融服务的需求及使用

新型农业经营主体对数字普惠金融服务的需求主要是数字支付需求和相对大额的经营性信贷需求。经营性信贷需求中，既包括短期周转性信贷需求，也包括中长期投资性信贷需求。在典型县（市），新型农业经营主体对数字信贷的需求是及时、便捷、相对大额，所需额度从几十万元到几百万元不等。很多新型农业经营主体同时拥有传统金融机构的授信和科技金融平台机构的授信，但是两者的信用贷款额度往往都不能满足其需求，或仅能部分满足临时周转性资金需求。由于缺少合格的抵押物、不愿意支付人情成本找人作担保、审批手续复杂等，很多新型农业经营主体也对抵押担保贷款望而却步，转而寻求亲朋好友之间支付利息的借贷。

3. 个体工商户和小微企业主对数字普惠金融服务的需求及使用

在典型县（市），个体工商户和小微企业主对数字普惠金融服务的需求主要是数字支付需求、扫码收单需求以及相对小额但周转灵活的消费性和经营性信贷需求。在扫码收单方面,各县(市)传统金融机构和科技金融平台机构提供的服务高度同质,很多商铺都同时拥有支付宝、微信、农村信用社系统金融机构、云闪付等多个二维码支付渠道。个体工商户和小微企业主的消费性数字信贷需求相对旺盛,由于经营项目往往具有"短平快"的特点,他们最主要的数字信贷需求是小额短期的经营性信贷需求,需求额度为几万元至几十万元不等,对利率的敏感性相对较低。大部分个体工商户和小微企业主兼有传统金融机构的授信和科技金融平台机构的授信,两者替代互补,他们日常周转的经营性信贷需求基本上可以得到满足。

(三)进一步的比较分析

综上所述,县域各类金融消费者群体对数字普惠金融服务的需求具有明显的层次性,这一点在六个典型县(市)都有体现。首先,扫码支付和数字支付技术在县域的大发展使各类金融消费者群体作为普通消费者而具有的数字支付需求基本上都能得到满足。其次,各类金融消费者群体对消费性信贷的需求存在明显差异,小农户的消费信贷需求最不旺盛。总体上讲,对大部分群体而言,小额消费信贷需求基本可以通过数字信贷得到满足。最后,从事"短平快"项目、具有相对稳定的现金流收入的个体工商户和中小微企业主是现有数字信贷产品的主要目标客户群体,他们往往已积累了一定的线上信息数据,传统金融机构和科技金融平台机构都会给他们较大额度的数字授信,他们对数字信贷的可得性最强,满意度也相对较高;而新型农业经营主体往往既缺乏传统金融机构偏好的抵押担保条件,又缺少科技金融平台机构偏好的线上交易信息数据,他们的信贷需求与现有数字信贷产品供给(主要是信用贷款)存在额度上的不匹配,因而受到相对严重的信贷约束。

第八章 分析结论与对策思考

县域数字普惠金融涉及传统金融机构和金融科技平台公司根据商业可持续性原则通过数字化手段满足县域所有金融服务需求者的金融服务需求，尤其是满足农户、新型农业经营主体和小微企业的金融服务需求。要包容这些过去容易被传统金融机构排斥或者服务不足的长尾群体。这意味着要实现尽量大的县域数字普惠金融服务覆盖广度和覆盖深度，实现尽量好的服务质量。这种服务质量又体现在需求者的便捷度、安全度、成本可负担三方面。

本报告梳理了与县域数字普惠金融相关的理论基础，总结和评述现有的县域数字普惠金融研究状况，提出中国县域数字普惠金融发展指数体系的构成方案，阐明了中国县域数字普惠金融发展指数的衡量方法。在此基础上，本报告分析了中国县域数字普惠金融发展指数体系的总指数、方面指数与分项指标得分结果，比较了东中西部、东北各大区和各省份的得分情况，介绍了全国总指数得分百强县的得分和排名情况。报告还进一步分析了中国县域数字普惠金融发展指数体系总指数得分平均线以上所有县（市）的发展动能指数得分和排名，并进一步比较分析了东中西部各两个典型县（市）的数字普惠金融总体发展状况及存在的问题。

总体上看，中国各县（市）在数字普惠金融服务提供方面均有了较快的发展。不过不同的地区、省份和县（市）的县域数字普惠金融发展速度快慢不同，发展动能大小不一。不同类型的数字普惠金融服务发展也不平衡，其中数字支付、数字授信和数字信贷三类普惠金融服务的发展好于数字保险和数字理财这两类数字普惠金融服务。此外，研究表明，县域数字普惠金融发展指数分析与六县（市）数字普惠金融发展案例研究两者之间相辅相成，有助于更为系统地反映中国县域数字普惠金融发展的总体情况及存在的问题。

下面我们回顾和总结本报告的主要分析结论，并提出一些进一步发展中国县域数字普惠金融服务的对策思考。

一 分析结论

有必要首先总结全国县域数字普惠金融指数研究分析结论，再总结六县（市）的数字普惠金融发展案例研究分析结论。在总结过程中，结合参考了现有研究的发现和对全国其他县（市）的部分观察。

（一）全国县域数字普惠金融指数研究分析结论

本课题组构建了中国县域数字普惠金融指数评价体系，该体系由四级指标构成。这四级指标从上往下分别为：1个总指数、3个方面指数、13个分项指标和20个二级分项指标。课题组对全国1884个县、县级市和旗在2017—2019年的总指数、方面指数、分项指标和二级分项指标的得分进行了衡量，根据总指数的得分高低进行了百强县排名，并对总指数和三个方面指数得分均在平均分以上的县、县级市和旗的县域数字普惠金融发展动能进行了测度。主要分析结论如下：

（1）近年来中国县域数字普惠金融总体发展水平快速提升。从指数得分分析结果来看，2017—2019年三年间中国县域数字普惠金融发展水平总体上得到了快速提升。2018年和2019年中国县域数字普惠金融总指数中位数得分分别同比增长35.95%和34.99%，均保持高速增长。从三个方面指数来看，尽管其得分提升速度存在结构性差异，但是三者的得分提升总体上均很快。方面指数服务广度总体提升最快，中位数得分从2017年的38.04增长为2019年的102.66，增长169.87%；方面指数服务深度总体提升也较快，中位数得分从2017年的37.46增长为2019年的63.79，增长70.29%；方面指数服务质量的得分逐年增长，但是增速相较于服务广度、服务深度来说较为缓慢，中位数得分 2019 年较 2017 年仅增长 17.7%。

（2）目前仍然存在区域间县域数字普惠金融发展不平衡问题。目前，以县域数字普惠金融发展总指数中位数得分来衡量，不同区域间县域数字普惠金融发展水平各不相同，其中东部地区县域数字普惠金融发展水平最高，中部地区次之，西部地区和东北地区发展水平较为滞后。但从发展趋势来看，近年来得益于方面指数县域数字普惠金融服务广度和服务深度得分的大幅提升，中部地区县域数字普惠金融发展水平呈现赶超趋势，其与东部经济发达地区的差距明显缩小，但是西部地区和东北地区与东部地区的差距在慢慢扩大。西部地区县域数字普惠金融发展尽管与东、中部地区的差距在扩大，但是其发展势头较好，在整体发展速度上要快于东北地区。

（3）各省份县域数字普惠金融发展水平存在梯度差异。以县域数字普惠金融发展总指数中位数得分来衡量，不同省份县域数字普惠金融的发展水平各不相同，全国 28 省（直辖市/自治区，只含区的不在其内）差异明显，可分为六个梯队：第一梯队省份（大于 129 分）包括浙江、福建；第二梯队省份（110 分左右）包括河南、安徽、江苏；第三梯队省份（96—102 分）包括山东、江西、陕西；第四梯队省份（84—90 分）包括河北、湖北、湖南、山西、广东；第五梯队省份（59—73 分）包括黑龙江、广西、甘肃、海南、重庆、宁夏、内蒙古、新疆、吉林、贵州、四川；第六梯队省份（48—57 分）包括辽宁、云南、西藏、青海。其中作为第一梯队省份的浙江省县域数字普惠金融发展总指数中位数得分（151.6 分）是第六梯队省份青海省县域数字普惠金融发展总指数中位数得分（48.12 分）的 3.15 倍。

（4）中部、西部地区县域数字普惠金融发展动能较强。从县域数字普惠金融的发展动能来看，尽管目前中部、西部地区县域数字普惠金融发展的整体水平相较于东部地区还存在一定差距，但是其发展动能强劲。在县域数字普惠金融发展动能指数百强县中，中部县域有 64 个，反映出近年来中部地区县域数字普惠金融发展水平与县域数字普惠金融发展水平最好的东部地区之间的差距在逐年减小。

(5) 县域数字贷款和数字授信服务广度和服务深度发展较快。2017—2019 年，在支付、授信、信贷、理财、保险五类县域数字普惠金融服务中，数字授信和数字贷款作为基础的金融服务类型发展较快，增长最为显著。在被授信的用户数量以及使用数字贷款方面均有非常大的增幅，数字授信服务广度得分增加 284.5%，数字授信服务深度得分增加 291.3%；2019 年数字贷款服务广度得分较 2017 年增加近 5 倍，数字贷款服务深度得分较 2017 年增加 3.4 倍；以信贷为主的数字普惠金融服务广度和服务深度有了明显改善。

(6) 数字理财和数字保险服务发展滞后。总体上看，在中国县域数字普惠金融发展过程中，相对于数字信贷，数字理财和数字保险服务的发展更为滞后。目前纳入指标体系的理财和保险种类仍然过于狭窄。具体来看，数字理财和数字保险的服务广度水平实际上仍然很低，在服务广度有限的前提下服务深度总体上仍显不足。无论是服务广度还是服务深度，均存在巨大的提升空间。

(7) 金融科技平台公司与其他银行合作，扩大发放县域数字贷款，有利于资金回流农村地区。对于一些经济相对落后的地区，当地金融机构贷款投放力度不足问题依然存在，一些传统金融机构偏离了支农支小和服务当地县域经济发展的目标，资金"抽水机"效应依然存在，导致农村地区资金大量外流。金融科技平台公司通过与其他银行合作，对县域联合发放数字贷款，能够促进资金回流县域，有效支持县域经济发展。

(8) 金融科技平台公司与地方政府合作，有助于农村地区部分政务和民生数据的归集和利用，扩大客户基础，促进对客户的精准数字画像、数字信用评级和数字授信，最终有利于扩大对县域内客户的数字信贷。以网商银行为代表的金融科技平台公司通过与地方政府合作，建立大数据中心，进行"三农"数据归集和利用（不拥有和留用数据，数据所有权归地方），在很大程度上解决了"数据孤岛"的问题，同时有效缓解了农村金融领域长期存在的信息不对称难题。在县域数字普惠金融发展动能百强县中，网商银行与县域政府合作的县（市）占比 63%，其中县域数字普惠金融发展动能指数得分十强县全部为合作县（市），在一定程度上说明了通过政府与金融机构之间的信息合作能够有效提升县域数字普惠金融的发展潜力，实现数字普惠金融的快速发展。

（9）县域数字普惠金融的发展空间还十分巨大。互联网等数字基础设施是数字普惠金融发展的基础。截至2020年3月，中国农村地区互联网普及率仅为46.2%，还存在很大的提升空间。目前县域数字普惠金融服务广度、服务深度、服务质量三个方面指数得分的提升均存在很大的空间。总体上看，县域数字普惠金融的发展空间仍然十分巨大。

（二）典型县（市）案例分析结论

本课题组对六个典型县（市）进行了实地调研。结合分析这些县（市）在数字普惠金融发展指数评价体系中各级指标的得分，得出以下主要案例分析结论。

（1）在信贷领域，典型县（市）数字普惠金融快速发展，县域数字金融服务供给明显增加，服务主体类型不断丰富，县域金融服务的可得性和便捷度大大提升。在六个典型县（市），农信机构、农行、邮储银行和村镇银行等传统农村金融机构利用已有网点和业务人员等线下优势推进信贷业务数字化发展，通过收集农户信息，开展信用评级和授信，建立自己的或利用第三方的金融科技平台，将审贷至放贷等业务环节移到线上。网商银行、微众银行和一些互联网小额贷款公司等金融科技平台公司利用自己的金融科技优势和应用场景累积客户数据，建立客户基础，开展数字普惠金融服务。其中网商银行和微众银行的数字贷款服务渗透度最高。网商银行和微众银行作为大型金融科技平台机构，从其客户数据中提炼大数据，利用大数据对客户进行精准画像，对客户进行数字信用评级，提供精准授信和数字信贷。国有大型银行也开始尝试利用金融科技手段进入农村金融市场。如中国建设银行与农业部门合作，利用农业大数据和自身的科技平台，开展农业信贷服务。无论是金融科技平台企业，还是传统农村金融机构，都在尽其所能推动本机构运营和产品与服务的数字化。在典型县（市），农信机构和村镇银行对大数据和人工智能等数字技术的利用还处在初级阶段。一些村镇银行甚至还没有开始利用这些数字技术。总体上看，在典型县（市），在大数据和人工智能等数字技术支撑下，数字信贷产品形式的信用贷款供给大大丰富，用户在授信期内可随借随还，在授信额度内按天计息，非常便捷，很好地满足了县域小微经营主体的小额、短期、多频的信贷需求。

从各县（市）数字普惠金融发展指数得分情况变化以及典型县（市）数字普惠金融发展指数各项得分在全国的排名变化可以发现，2017年以来，寿光市（东部）、蒙城县（中部）、武功县（西北）和全州县（西南）在网商银行的线上授信账户数的同比增长率都超过100%，传统农村金融机构在线上审贷放贷的业务笔数占比已达20%以上，有的甚至达到70%。传统农村金融机构在放贷时，一般要求与客户至少面签一次。如果是循环贷款，则其后循环利用贷款时不需要再次面签。

（2）中国县域数字普惠金融仍处于发展的初级阶段，数字普惠金融服务供给尚不能有效满足县域各类主体多样化的金融服务需求，特别是新型农业经营主体的需求。金融科技平台企业的客户群体主要集中于县城和乡镇小微经营主体，农业经营主体客户数量较少；传统金融机构近两年数字化授信发展迅速，但主要是将原有的线下存量客户线上化，增量客户数量有限。同时，金融科技平台企业的数字化授信额度较低，利率相对较高，与新型农业经营主体的信贷需求不匹配；传统金融机构对于稍大额度（一般为20万—50万元）的贷款申请仍要求有担保物或担保人，审贷手续比较复杂，数字化信息建档和授信只是将原有风控模型和审贷流程线上化，首次用信还需要面签，缺乏实质性的创新。此外，新型农业经营主体对农业保险的需求日益增加，但传统金融机构的数字保险服务仍然处于起步阶段，在很多县（市），包括被调查的典型县（市），传统金融机构的数字保险总体上仍是空白。

（3）数字信贷作为最主要的一类数字普惠金融，改善了县域信用环境，引导资金回流农村，促进了县域经济社会的发展。数字信用档案将县域农户和小微经营主体都纳入了征信体系，信用记录"白户"

数量大幅减少，城乡居民信用意识大幅加强，为提供数字金融服务提供了基础条件，也有助于改善县域的信用环境。同时，数字金融缩小了城乡及东西部县域间的金融发展差距。偏远贫困地区金融服务网点少，但数字金融可以摆脱物理网点，在移动终端上提供服务，大大改善了这些地区的金融服务状况。此外，数字金融引导资金回流农村。金融科技平台企业在县域金融业务的存贷比远远超过100%，这些信贷资金更多来源于城镇居民和金融机构，最终流向县域小微经营主体和涉农经营主体，实现了农村地区资金净流入。这能够有效阻遏农村资金持续单向外流的状况，增加农村金融资源供给，有力推动县域经济社会的发展。

（4）数字金融服务基础设施不完善，数字金融生态系统仍未形成。随着数字金融的发展，互联网和移动通信等数字金融服务基础设施的重要性不断上升，但目前仍有部分县域未能实现互联网和移动通信的全域覆盖，特别是在偏远地区，互联网和移动通信的可达性更差。数据归集和利用系统是数字金融服务的基础，政府部门、银行、保险公司、担保公司、供应链核心企业等各类机构都发现了数据信息的价值，收集数据意识觉醒，但机构之间对技术和数据共享与合作都持观望态度，一方面期待通过合作大大释放受益空间，另一方面又担心因数据安全等方面的不确定性遭受不可预期的损失，从而导致"数据孤岛"遍布，数据信息使用效率低下。数据归集和使用的相关配套政策法规和管理体制机制尚未建立起来，公民和机构的数据隐私保护和规范利用问题没有解决。

（5）金融服务对象的数字金融素养普遍较低，数字金融教育严重不足。智能手机的电商和社交等平台的线上支付及相关的线上借贷服务，如支付宝、微信支付、花呗、借呗、京东白条等，对公众起到了数字金融应用的启蒙作用。但总体上看，大多数人对数字金融产品仍然十分陌生，不懂如何使用，甚至持怀疑态度。各类金融消费者对纯线上金融服务的认知和接受度普遍不高，使用率低。虽然各类金融机构都定期或不定期开展金融教育活动，但教育内容主要集中于反诈骗、反洗钱、特定产品推广等，内容相对单一，形式呆板枯燥。

二 进一步推动县域数字普惠
金融发展的对策与思路

针对中国县域数字普惠金融发展过程中存在的问题，特提出以下对策与思路。

（一）改进数字普惠金融基础设施，缩小城乡"数字鸿沟"

金融基础设施是县域数字普惠金融发展的一大基石。完善的数字普惠金融基础设施和良好的金融生态环境是数字普惠金融进一步下沉服务的基础，有利于县域数字普惠金融服务广度和服务深度的提升，缩小城乡"数字鸿沟"。特别是对于当前在服务广度和服务深度方面与东部、中部差距较大的西部和东北地区来说，更应当加强县域数字普惠金融的基础设施建设，改善当地数字普惠金融发展环境。具体包括以下几个方面。

1. 改进全国通信基础设施，扩大移动通信和互联网的覆盖面，提高可达性

硬件设施是所有设施的基础，中国互联网金融的迅猛发展得益于宽带、移动网络的高速发展。对于普惠金融体系建设和普惠金融服务可达性而言，问题不在于继续提升移动信号和互联网的传播速度，而在于如何扩大其覆盖面。因此，解决普惠金融体系所需通信基础设施短缺问题的途径包括：第一，进一步加快网络建设的步伐，在移动通信领域引入更多的竞争，尤其是引入地方性电信公司。这些公司能够铺设地方补充性网络和提供相应的地方补充性移动通信服务（类似于小灵通，但必须开放移动互联服务），覆盖一些当前的 4G 和 3G 网络以及未来的 5G 网络所不能覆盖的边远地区和移动信号死角，把工作重心放在实现移动互联的广覆盖甚至全覆盖。第二，应该进一步降低资费，使更多的人能够获得速度更快、成本更低的基本移动电话和移动互联服务。第三，鼓励手机生产企业提供层次多样的产品，根据县域居民和村民的收入水平、知识水平和数字化使用水平，提供给他们

可负担、能使用、易操作的智能手机，这是数字普惠金融应用的硬件基础。第四，把移动电话信号和移动互联信号在农村边远地区和信号死角地带的覆盖程度作为考核当前电信普惠服务的指标。

2. 优化数字金融服务点建设

农信机构或者邮政储蓄银行需要通过设立成本较低的数字金融服务代办点、共享数字金融服务代办点，或者定期流动数字金融服务网点，来消灭现存的金融服务空白乡镇和空白村，从而真正为提供普惠金融服务创造条件，包括存取款服务、支付服务和小额信贷申办服务。这里尤其需要考虑在村两委所在地之外的自然村的设点，这些金融服务代办点可通过移动互联或者宽带提供基本的金融服务。

3. 完善全国城乡个人与企业征信体系

中国人民银行征信系统已经成为世界上收录人数最多、数据规模最大、覆盖范围最广的征信系统，累计收录了9.9亿自然人、2591万户企业和其他组织的有关信息，个人和企业信用报告日均查询量分别达550万次和30万次①，但是，在中国县域仍有大量农户和小微经营主体未被纳入征信系统。应积极推动个人征信市场化和商业机构征信合法化，鼓励商业征信机构有序发展，促进完善社会信用体系建设。

4. 鼓励农信机构继续做实做好农户和新型农业经营主体的数字化信用评级和授信系统

县级农信机构需要利用省联社的信用评级和授信管理软件系统或第三方软件系统做好数字化信用评级和授信管理，利用自己的线下评级数据、信贷数据、外部征信数据和政府的社会信用体系建立和维持自身的数字化信用评级和授信系统。农信机构需要借助金融科技和实体分支下沉其金融服务。建立和维持这种数字化信用评级和授信系统是关键，对农户和新型农业经营主体进行数字信用评级和授信管理是其基础，也是其提供普惠金融服务创造利润的基础，更是其扎根农村的生命力的重要源泉。随着农户数字信用评级和授信数据的累积和沉

---

① 《央行：我国已建立全球规模最大的征信系统》，央广网，http://china.cnr.cn/NewsFeeds/20190614/t20190614_524651485.shtml，2019年6月14日。

淀，农信机构可以获得系统产生的大数据，进一步做到精准放贷和稳健经营。

（二）加强数字普惠金融发展顶层设计，完善法规政策支持框架

1. 加强数字普惠金融顶层设计和立法

第一，需要把发展数字普惠金融提升到战略的高度，从全国层面制定专门促进数字普惠金融发展的规划设计。数字普惠金融已经成为金融业的主流现象，但在顶层设计方面，还没有专门的规划，而2016年出台的《推进普惠金融发展规划（2016—2020年）》中虽然提到了发挥金融科技和互联网的作用，但并不系统。

第二，加强数字金融立法，兼顾促进数字普惠金融发展的相关立法。从互联网金融到数字金融，业内实践的迅速发展，使相关法律规章制度都稍显滞后。在中国现有的金融法律体系中，《中华人民共和国证券法》和《中华人民共和国商业银行法》都是针对传统金融机构的。有关互联网金融、移动金融等数字金融方面的相关管理办法基本属于部门规章，尚未上升到法律层面，其执行的效果、投资者保护和消费者保护均难以保障。诚然，对县域数字普惠金融进行专门立法的时机还不成熟，但在对数字金融立法时可以设置有关促进县域数字普惠金融发展的相关条款。

第三，建立协同监管机制，防范化解风险。首先，要充分发挥大型金融科技平台公司在提供县域数字普惠金融服务、推动资金回流农村地区的积极作用，为这些公司设立适宜的监管政策框架。科技金融平台公司是未来金融业发展的一大方向。有关监管政策框架要有前瞻性，既要保护创新，又要防范风险。要考虑维护金融行业的公平和开放的竞争秩序，防范系统性金融风险，保护消费者权益和投资者权益。其次，根据数字普惠金融的混业经营状态，县政府需建立跨部门的协同监管机制，如工商、税务、公检法等部门需联合央行办事机构和银保监会分支机构，对金融机构和互联网金融企业进行监管。再次，整合利用财政资金，引入保险、担保机构，共同设置普惠金融风险补偿分段分担机制，防范系统性风险。最后，需要通过法规手段，要求金融机构和金融企业建立内部风险防控机制，通过身份认证、电子签名、人脸识别等数字认证技术，保障用户数据安全和个人隐私。

2. 提升县（市）级政府对数字普惠金融发展的政策支持

第一，县（市）级政府应充分认识到县域数字普惠金融在推动其自身发展中的作用，结合本地发展特色、普惠金融相关法律法规和产品，对适合本地发展的数字金融模式给予政策支持。

第二，县（市）级政府尤其需要与合格金融科技平台公司和传统金融机构保持开放合作，允许其依法使用地方政务和民生数据，改善其提供数字普惠金融服务的数据基础和客户基础，最终促进其提供更好的数字普惠金融服务。需要强调的是，县（市）级政府在开放本地政务和民生数据时，要保持开放合作的态度，而不应该与任何传统金融机构或金融科技平台公司订立排他性协议。

第三，提升县（市）级政府所属金融监督管理机构的地位，充实金融专业人才，尤其是较为了解数字普惠金融重要性的金融专业人才，改善县（市）级政府对县域数字普惠金融运作的监督管理，促进县域数字普惠金融的发展。

（三）建立健全县域数字普惠金融体系

随着中国经济、金融和政府治理的数字化，以及中国政府大力推行城乡普惠金融体系的建设，未来将形成县域普惠金融体系，而且其中的数字化成分将越来越多。有必要、也有可能建立健全县域数字普惠金融体系，其中数字普惠金融成分占据核心地位。

1. 发展一种多元化的、差异化的、有分工协作的县域数字普惠金融体系

在现有的县域金融体系基础上，建立涵盖政策性数字普惠金融、商业性数字普惠金融、合作性数字普惠金融在内的数字普惠金融体系，以满足不同地区、不同群体的金融需求。在这个体系中，商业性数字普惠金融和合作性数字普惠金融发挥主导作用，政策性数字普惠金融发挥辅助性支持的作用。在此基础上，推动各类机构之间的技术数据共享与合作，全面提高县域数字普惠金融服务能力。鼓励各类机构根据自身优势、劣势在数据、技术、资金等方面开展合作，连接"数据孤岛"，打破技术壁垒，扩大县域数字普惠金融业务规模，深化

服务深度，提高服务质量和效率。例如，鼓励县域地区开放银行建设，各商业银行、股份制银行、城商行、农商行、农信社、村镇银行、互联网银行和互联网金融公司之间开放核心数据外的信息，促进信用信息共享。同时与政府部门的数据关联，扩大"银税互动""银商合作"等机制的范围。

2. 建立和维持公开、公平、公正的竞争秩序

市场准入应该是开放的，金融机构的准入尽量用真正的核准制替代审批制，奉行区域内运作原则的地方性金融机构可以由省级监管部门核准设立，跨区域运作的金融机构则可由银保监会核准设立。各种金融业务牌照的开放应适用核准制。

3. 鼓励丰富数字普惠金融产品供给

第一，金融机构和金融企业对农户和新型农业经营主体提供的生产经营性贷款和农业保险，均应享受税收优惠政策支持和其他必要的政策支持，鼓励各类金融机构和金融企业提供符合自身特点和当地条件的、差别化的县域数字普惠金融产品，以更好地满足多层次、多样化的县域数字普惠金融服务需求。公平、公开、公正的竞争环境和政策支持有助于激发其创新数字普惠金融产品和服务方式的动力，使数字普惠金融服务供需得以有效匹配。例如，根据县域经济发展和金融需求的特点，为县域普惠金融客户提供更多适应其生产经营和消费的信贷产品，允许给规模较大的新型农业经营主体提供更大的信贷额度，满足其大额生产经营信贷需求；在农村居民收入逐年提升的背景下，重视农户个人保险业务和理财业务的发展，满足农户多样化的金融服务需求；针对县域涉农经营主体缺少抵质押物和担保、风控难度较大等问题，应出台政策鼓励引入融资担保、保证保险等风险分担方式，利用"信贷+保险+期货""信贷+保险+再保险"等模式，在满足县域经营主体信贷需求的同时确保数字普惠金融服务风险可控，从而提升县域数字普惠金融发展的安全性。

第二，鼓励现有大型金融科技平台公司与其他银行开展合作，扩大数字贷款在农村地区的覆盖广度和深度，促进城镇资金入注和农村资金回流农村地区。

第三，由于县域各类金融消费者群体对数字普惠金融服务的需求具有层次性，应结合供应链金融等多种手段努力激活各类需求主体对数字普惠金融服务的深层次需求；在进一步推动供应链金融线上化发展的基础上，鼓励发展多种形式的供应链组织，支持农业供应链上的中小经营主体发展，培育农业供应链金融的有效需求主体，利用农业供应链核心企业对行业市场风险的识别和预防能力以及对供应链总体的现金流管理和优化能力，提高农业供应链金融数字化服务水平，提高数字金融服务的效率；还应充分调动地方政府和各类金融机构推动供应链金融线上化的积极性。

4. 鼓励资本市场在县域的发展

县域小微企业和农业企业可通过债券、短期融资券、中期票据等融资工具筹集生产发展资金，同时提高农产品现货市场融合度，对农产品期权、农产品指数等新型避险工具进行研发。

5. 推动金融科技在农业技术发展中的应用

利用互联网企业在大数据、云计算方面的优势，将农业现代化过程中需要的市场信息整合进金融服务中，提升农业智能化水平，促进农村地区各类经营主体专业化、集约化、规模化发展。互联网企业还应大力发展农业供应链金融，以农业龙头企业或种养大户为核心，为县域上下游企业提供金融服务，促进县域整体经济发展。

6. 进一步降低信贷成本，提高信贷可负担性

对于县域数字普惠金融发展而言，在确保金融服务便捷性的同时，需要重视金融服务可负担性的提升，进而提升县域数字普惠金融的服务质量。成本可负担是普惠金融的基本原则之一，其强调对被传统金融机构排斥或服务不足的特殊群体，需要以商业可持续的方式向其提供获得和利用各种金融服务的机会，使其能够以成本可负担的方式获得和利用这些金融服务，较好地或者最大程度上满足其对这些金融服务的有效需求。① 具体来看，金融机构可以与政府合作，通过进

---

① 冯兴元、孙同全、张玉环、董翀：《农村普惠金融研究》，中国社会科学出版社2019年版。

一步整合完善县域数字普惠金融客户的基础数据,加快推进农村信用体系建设,运用大数据、云计算等技术手段,在风险定价和覆盖其他各种成本的原则下,进一步降低信贷成本,特别是降低消费性信贷的成本。

(四) 进一步提升县域人口数字普惠金融素养

金融素养是决定县域各类金融消费者群体能否有效使用数字普惠金融产品的关键因素。一方面各类金融消费者群体使用数字普惠金融产品的意识和能力是促进县域数字普惠金融业务发展和产品创新的重要推动力,另一方面县域数字普惠金融发展的最终效果取决于县域各类金融消费者群体的接受与使用情况,即取决于县域金融消费者的消费素养。因为,即使数字普惠金融服务商大力改进与创新金融产品与服务,如果县域消费者受态度、知识、技能和行为等因素限制,不能很好地接受、选择或使用金融服务与产品,那么数字普惠金融的业务将难以进一步拓展。因此需要加强县域数字普惠金融消费者教育,为一部分不知道如何上网和从来没有接触过金融服务的人提供专门的培训服务,一方面加强其风险防范和履约意识,另一方面使其了解数字普惠金融业务,才能更好地享受数字普惠金融所带来的好处。

此外,当前虽然各类金融机构都定期、不定期开展金融教育活动,但金融教育的内容主要集中于反诈骗、反洗钱、特定产品推广等,内容相对单一,形式呆板枯燥,教育效果不佳。特别是涉农经营主体的金融素养普遍较差,提升较慢。因此,未来应进一步加强县域数字普惠金融教育,丰富教育内容和教育形式,从使用互联网到认识金融服务、防范风险、培养履约意识,再到了解数字金融产品,针对各类数字金融需求群体提供多层次、多内容的数字金融教育。

参考文献

北京大学数字金融研究中心课题组：《数字普惠金融的中国实践》，中国人民大学出版社2017年版。

贝多广、李焰：《数字普惠金融新时代》，中信出版社2017年版。

《边远农村2020年4G网络覆盖率将达98%》，人民网，http://gongyi.people.com.cn/n1/2018/1101/c151132-30376575.html。

陈雨露、杨忠恕：《中国是部金融史》，北京联合出版公司2013年版。

成艾华、蒋杭：《基于G1-变异系数法的普惠金融发展指数研究——以湖北为例》，《武汉金融》2018年第4期。

崔海燕：《数字普惠金融对我国农村居民消费的影响研究》，《经济研究参考》2017年第11期。

董玉峰、刘婷婷、路振家：《农村互联网金融的现实需求、困境与建议》，《新金融》2016年第11期。

樊纲、王小鲁、朱恒鹏：《中国市场化指数——各地区市场化相对进程2011年报告》，经济科学出版社2011年版。

冯兴元、孙同全、张玉环、董翀：《农村普惠金融研究》，中国社会科学出版社2019年版。

李明贤、谭思超：《我国中部五省农村普惠金融发展水平及其影响因素分析》，《武汉金融》2018年第4期。

李巧莎、杨伟坤、杨京昊：《构建中国农村普惠金融指标体系的国际经验与启示》，《经济研究参考》2017年第21期。

李扬、叶蓁蓁主编：《中国普惠金融创新报告》，社会科学文献出版社2018年版。

梁双陆、刘培培：《数字普惠金融与城乡收入差距》，《首都经济贸易大学学报》2019 年第 1 期。

林政、李高勇：《互联网金融背景下的普惠金融发展研究》，《管理现代化》2016 年第 5 期。

刘锦怡、刘纯阳：《数字普惠金融的农村减贫效应：效果与机制》，《财经论丛》2020 年第 1 期。

刘顺平、朱丹娜、刘怡君：《数字普惠金融推动脱贫攻坚的优势分析、具体实践与路径选择》，《西部金融》2017 年第 4 期。

刘志平：《互联网金融对农村金融的启示》，《中国金融》2015 年第 3 期。

牛余斌：《中国数字普惠金融发展对贫困减缓的实证研究》，硕士学位论文，山东大学，2018 年。

潘锡泉：《数字普惠金融助力精准扶贫的创新机制》，《当代经济管理》2018 年第 10 期。

任碧云、李柳颖：《数字普惠金融是否促进农村包容性增长——基于京津冀 2114 位农村居民调查数据的研究》，《现代财经》2019 年第 4 期。

世界银行、中国人民银行：《全球视野下的中国普惠金融：实践、经验与挑战》，中国金融出版社 2019 年版。

宋晓玲：《数字普惠金融缩小城乡收入差距的实证检验》，《财经科学》2017 年第 6 期。

夏妍：《中国数字普惠金融发展对缩小城乡收入差距的影响研究》，硕士学位论文，云南财经大学，2018 年。

谢平：《互联网金融的基本理论要点》，《21 世纪经济报道》2014 年 3 月 10 日。

谢汶磊：《农村数字普惠金融县域差异的影响因素分析——基于婺源县和嘉鱼县的调研》，《湖北经济学院学报》（人文社会科学版）2019 年第 11 期。

谢绚丽主编：《科技赋能——中国数字金融的商业实践》，中国人民大学出版社 2018 年版。

杨伊、高彪：《互联网金融推动农村普惠金融发展实证研究——以江西省为例》，《武汉金融》2017年第8期。

姚金楼、王承萍、张宇：《"三农"领域发展数字普惠金融的调研与思考——基于供给侧结构性改革背景》，《金融纵横》2016年第6期。

《易观移动支付市场最新数据：支付宝稳居首位，2019年份额持续增长》，移动支付网，https://www.mpaypass.com.cn/news/201912/19221312.html。

易观智库：《2019年第三季度移动支付市场监测报告》，2019年12月19日。

尹应凯、侯蕤：《数字普惠金融的发展逻辑、国际经验与中国贡献》，《学术探索》2017年第3期。

张栋浩、尹志超：《金融普惠、风险应对与农村家庭贫困脆弱性》，《中国农村经济》2018年第4期。

张贺、白钦先：《数字普惠金融减小了城乡收入差距吗？——基于中国省级数据的面板门槛回归分析》，《经济问题探索》2018年第10期。

张珩、罗剑朝、郝一帆：《农村普惠金融发展水平及影响因素分析——基于陕西省107家农村信用社全机构数据的经验考察》，《中国农村经济》2017年第1期。

张凯：《数字普惠金融对城乡居民收入差距的影响研究》，硕士学位论文，兰州大学，2018年。

张正平、江千舟：《农村金融机构的互联网化：现状、问题、原因及对策》，《农村金融研究》2016年第7期。

张子豪、谭燕芝：《数字普惠金融与中国城乡收入差距——基于空间计量模型的实证分析》，《理论探索》2018年第6期。

赵经涛：《对欠发达地区发展数字普惠金融的几点思考》，《甘肃金融》2017年第8期。

郑美华：《农村数字普惠金融：发展模式与典型案例》，《农村经济》2019年第3期。

中国人民银行：《全球视野下的中国普惠金融：实践、经验与挑战》，中国人民银行网站，http://www.pbc.gov.cn/jingrxfqy/145720/3364077/3482997/index.html。

周雨晴、何广文：《数字普惠金融发展对农户家庭金融资产配置的影响》，《当代经济科学》2020年第3期。

Beck T, Asli Demirgü-Kunt, Levine R, "Finance, Inequality and the Poor", *Journal of Economic Growth*, 2007, 12（1）: 27-49.

CGAP, "Digital Financial Inclusion: Implications for Customers, Regulators, Supervisors, and Standard-Setting Bodies", CGAP Brief, March 2015, p. 1.

CGAP, "What is Digital Financial Inclusion and Why Does it Matter?", http://www.cgap.org/blog/what-digital-financialinclusion-and-why-does-it-matter, 10 March, 2015.

G20 Global Partnership for Financial Inclusion (GPFI), "Global Partnership for Financial Inclusion: 2014 Work Plan".

GDRC, "BRI-Unit Desa, Indonesia", https://www.gdrc.org/icm/country/unit-desa.html, retrieved October 6, 2020.

GPFI, "Global Standard-Setting Bodies and Financial Inclusion for the Poor: Toward Proportionate Standards and Guidance", Washington, D.C..

Gupte R, Venkataramani B, Gupta D, "Computation of Financial Inclusion Index for India", *Procedia Social & Behavioral Sciences*, 2012, 37（1）: 133-149.

Gwartney, James, Robert Lawson, Joshua Hall and Ryan Murphy, "Economic Freedom of the World 2020", *Annual Report*, Frazer Institute, 2020.

Helms, Brigit, "Access for All: Building Inclusive Financial Systems", Consultative Group to Assist the Poor, World Bank, 2006.

Kofi Annan, 29 December 2003, Following the Adoption of 2005 as the International Year of Microcredit, in: United Nations, "Building Inclusive Financial Sectors for Development", May 2006.

Miriam Bruhn, Inessa Love, "The Real Impact of Improved Access to Finance: Evidence from Mexico", *Journal of finance*, 2014.

Rashmi Umesh Arora, "Measuring Financial Access, Griffith Business School", Discussion Papers, No. 2010 – 07, January 2010.

Sarma M, Pais J, "Financial Inclusion and Development", *Journal of International Development*, 2011, 23 (5): 613 – 628.

Sarma, Mandira, "Index of Financial Inclusion", Working Paper No. 205, Indian Council for Research on International Economic Relations, June 2008.

UNCDF, "International Year of Microcredit 2005 Final Report", May 2006.

United Nations, "Building Inclusive Financial Sectors for Development", May 2006.

Yunus M, "Banker to the Poor: Micro – Lending and the Battle against World Poverty", New York: Public Affairs, 2008.

Grameen Bank, *Grammen Bank Interest Rate*, https://www.grameen-bank.net/grameen-bank-interest-rate/, retrieved October 6, 2020.